はじめに

あなたの家は３０００万円高く売れる！

そう聞いて、真っ先に胡散臭《うさんくさ》いと思うかもしれない。

日本のＧＤＰは約６００兆円で、２０２５年にはインドに追い越されて世界４位まで転落すると見込まれている。それでも日本の不動産は好調だ。今、40年に一の不動産売却チャンスが訪れている。日本の不動産は１９８０年代後半から90年半にかけてのバブル期以来の高値で取引されている。この本の読者は都心の山内に60平米以上のマンションを所有している30～50代を想定している。その人にとっておそらく生まれてはじめて訪れた不動産の売り時が今である。

このエリアは人気なので、買主選びを間違えなければ相場の３割増しで売れる。読者が20〜40代、つまり10〜20年前に購入したときの新築マンション価格はおそらく5000〜6000万円だろう。それが現在1億円程度にまで値上がりしている。

そして、円安によって外国人がこぞって日本を訪れ、爆買いをするように、不動産もインバウンドのニーズが急速に高まっている。海外の富裕層を相手にすれば1億3000万円で売れることも珍しくない。

この国の賃金は上がらず、金利が上がり始めて、物価はじわじわと家計を圧迫している。東京都港区の平均年収は1400万円だが、世界の先進国から見れば低所得層に位置する。収入が上がり、消費が増え、経済が活性化するという成長サイクルから完全に外れてしまったこの国で、どのように資産形成をしていけばいいのだろうか？

一介のサラリーマンだったわたしが富裕層の仲間入りができたのは不動産を活用してきたからだ。とはいえ、法人を設立して何棟も所有し、運営するような不動産賃貸業ではなく、自宅を売却し、そこで得たキャピタルゲインを元手に富裕層にしかできない資産運用を堅実にしてきただけだ。その手法は第4章で述べるが、最初の一歩目はいわば不動産バブルの波に乗っただけのことだった。

読者の皆さんにもこのチャンスを逃してほしくない。もしかしたら「確かに売り時ではあるかもしれないが、売ってしまったら二度とマイホームを手にすることができないのではないか」という迷いがあるかもしれない。わたしは自宅を売却後、同エリアで賃貸住まいをしているが、60平米から90平米に広くなった。メンテナンスの心配もいらない。今まで住んできた家でいちばん満足度は高い。

あるいは「まだ不動産価格は上がる」と思って、虎視眈々《こしたんたん》と売り時を狙っている人もいるだろう。そうした考えは否定しないが、山の8〜9合目で利益確定するか、10合目まで待つかの考え方の違いだと思っている。私自身はそろそろ不動産価格の天井が見えてきたと考えている。理由は第1章で詳述する。

海外の先進国では自宅を活用して、住み替えをしながら資産形成するという考え方が一般的である。

ただ、仲介業者の選定や売却の知識が欠如していると安く買い叩かれる、あるいはもっと高値で売れるチャンスを逃してしまう。

わたしは20年間、不動産業界に身を置いているが、残念なことに、倫理観が完全に欠如した魑魅魍魎《ちみもうりょう》がはびこる世界でもある。それこそ、最初に創業した会社で始めたサービスが「売却のミカタ」といって、クローズドで扱われていた物件情報を見える化するという売却システムだった。

売主の利益を最大化するのが、売却活動を委託された仲介業者の役割である。しかし、当時から仲介業者は手数料欲しさに、さまざまな理由を付けて売主の利益最大化にはつながらない営業を平気でおこなっていた。

たとえば、物件情報を隠してほかの仲介業者に周知しない。他社が見つけてきた高値で買ってくれる買主よりも、仲介手数料を得るために安値でも自社で見つけてきた買主に買わせるといったことだ。これはグレーどころか法律違反になるケースもあるが、明るみに出にくいので平然とおこなわれる。

業界の裏側を暴露するような話になってしまうので、できれば言いたくないが、残念ながら売主に利益相反する仲介業者の営業は20年経った今もなくなっていない。現在は不動産を最高値で販売できる絶好のチャンスではあるが、本書で海千山千の不動産業者を相手に負けない売却知識を身につけてほしい。

そして、手にしたキャピタルゲインを有効活用して資産を大きく増やしてほしい。わたしは売主の利益を最大化するプラットフォームづくりを終えたあと、ソニー不動産（現ＳＲＥホールディングス）で執行役員をしてから、シンガポールに移住して海外不動産投資の会社を起業した。そこで海外の富裕層の資産運用方法をたくさん見てきた。富裕層は資産を堅実に守りながら、最大限に増やすための独自戦略をもっている。その方法も第4章で紹介する。

これまでわたしは住宅からホテル、オフィスビル、商業施設、海外不動産までさまざまな不動産取引を経験してきた。一貫して取り組んできたのは不動産業界の健全化である。自社のポジショントークに聞こえてしまうかもしれないが、純粋に不動産業界のおかしな点を改善するためのビジネスを続けてきた。

結果、わたしの原点である「売主の味方」としてできることが、今このタイミングで本を出すことだった。高所得で高級マンションを所有している人がこの好機を活かさないのは非常にもったいない。

本書は単なる不動産の売却ノウハウ本ではない。不動産知識ゼロから有効な不動産資産を活用していかに資産形成するかを示した戦略書である。20年間の不動産業界での経験をすべて詰め込んだ。

人生100年時代、読者には富裕層の世界に足を踏み入れて、老後も安心なだけの蓄えを大いに増やしてほしい。

目次

第2章 世界中の富裕層が注目する日本の不動産

第3章　失敗しない不動産売却

第4章 富裕層の資産運用戦略

第1章

あなたの家は3000万円高く売れる

不動産を活用して富裕層の仲間入りをする

ある上場企業の執行役員が7年前に購入した都内のタワーマンションの一室を売却した。住み続けるつもりだったマンションの価格が5000万円も上昇していることを知り、売却によって多額のキャッシュを手にしたことをきっかけに会社をやめた。45歳にして社会人になってからはじめての長めの夏休みを味わい、「人生でやりたかったこと」をリストにして、一つひとつ達成したものをフェイスブックにアップしながら世界各国を回った。

日本帰国後、また新たな不動産を購入し、将来的にはこの物件も再度売却し、資産をさらに増やすつもりだ。

国は住宅を手放す人に対して3000万円特別控除という仕組みを用意してくれ

ていて、税金がかかるのは、売却益から3000万円を差し引いた金額となる。これは3年に1回、人生で何度でも使えるのだ。

私自身はこの控除を受けて、金融資産を6000万円増やした。どちらもフルローンでマンションを購入したので500万円程度しか持ち出しはない。

これほど有効な資産増加方法があるにもかかわらず、日本人にはマイホーム神話が定着し、外国人には一般的な住み替えも非常に少ない。

生涯の持家回数も日本が平均1・8回なのに対して、アメリカでは2・8回となっている。これには不動産に対する価値観の違いが如実に表れている。

不動産賃貸業をおこなう大家を除いて、ほとんどの日本人にとって住宅は高い買い物だ。35年間ローンを払って終《つい》の棲家として住み続けるのが一般的な考え方である。

他方、海外では住宅が投資対象に入ってくる。住宅ローンを活用すれば、手持ち

生涯の持家回数

日本 **1.8**回

アメリカ **2.8**回

資金以上の物件が手に入る。それを高値で転売すれば多額のキャッシュが得られるので、それを元手にふたたびローンを組んでさらにグレードの高い家に住み替えていくのだ。

不動産知識のある人は、業界用語で「すごろく」と呼ばれるこの手法を用いて、サラリーマンから億万長者になっていく人も多い。オーストラリア在住のサラリーマンが20年間で5回住み替えをして、1億円超の新築をキャッシュで買えるだけの資産を築いた例もある。

富裕層の定義

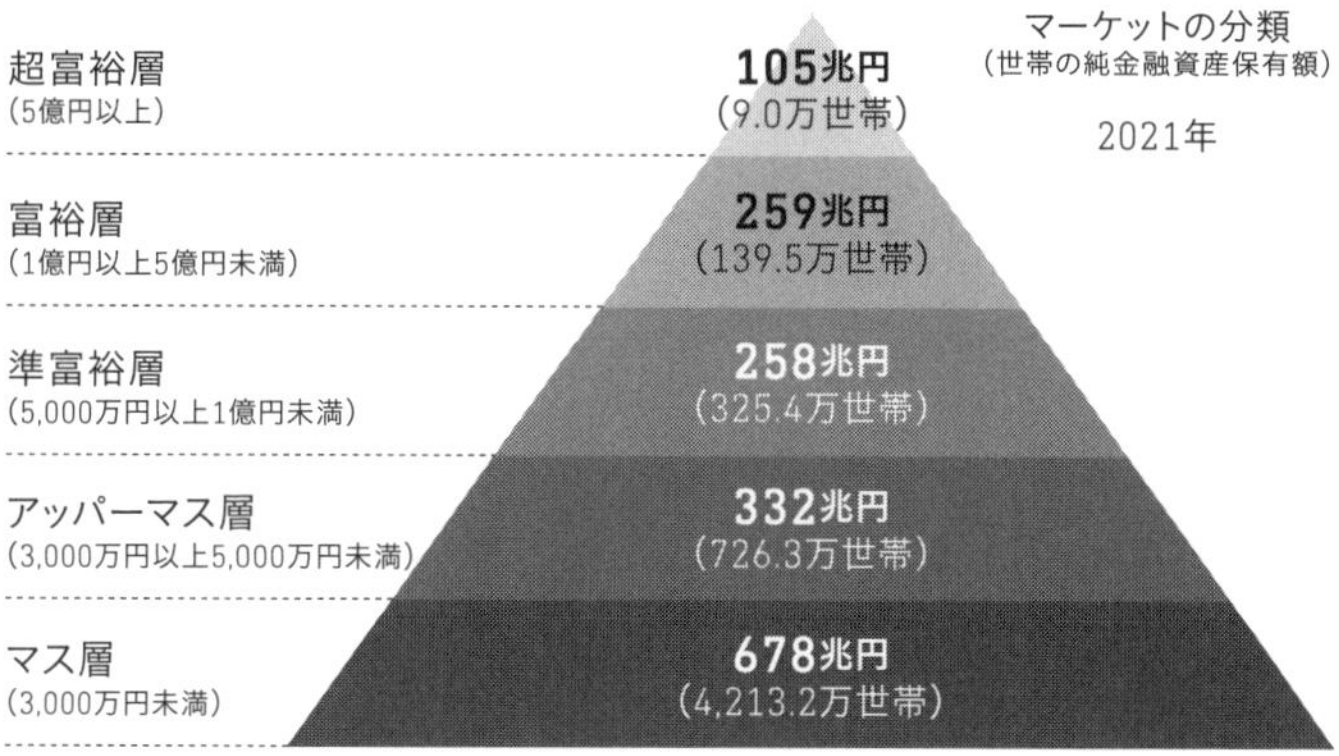

出典：野村総合研究所

純金融資産が1億円あれば上位約2・5パーセントしかいない富裕層の仲間入りができる。経済的な余裕を得て、1～2年間留学するもよし、エグゼクティブMBAの取得など更なる自己投資でキャリアアップをめざすもよし、起業にも挑戦できる。あるいは子どもへの教育費をもっとかけられるかもしれない。

仕事をしながらずっと走り続けていると、並行して手が回らないことがある。お金に余裕ができれば、選択肢が広がった状態で、人生を立ち止まって見つめ直す時間ができるのだ。

40年に一度の不動産売却チャンス

では、ほんとうに不動産は今が売り時なのか？

東京都港区六本木のマンションの一室がわずか2年で6億円→9億円→12億円と2倍にまで価格が跳ね上がっている現実がある。

日本は今、まさに40年に一度の不動産バブルの状態ではあるが、１９８０年代後半から90年代前半にかけてのバブル期とは様相が違うようだ。

当時は、民間金融機関の住宅ローン金利が８パーセントを超える年もあった。金利が上がればローンを組みにくくなるので不動産価格は当然下がる。

しかし、バブル期の不動産業界は１００人取引すれば１００人が儲かる市況だっ

首都圏中古マンション30年推移

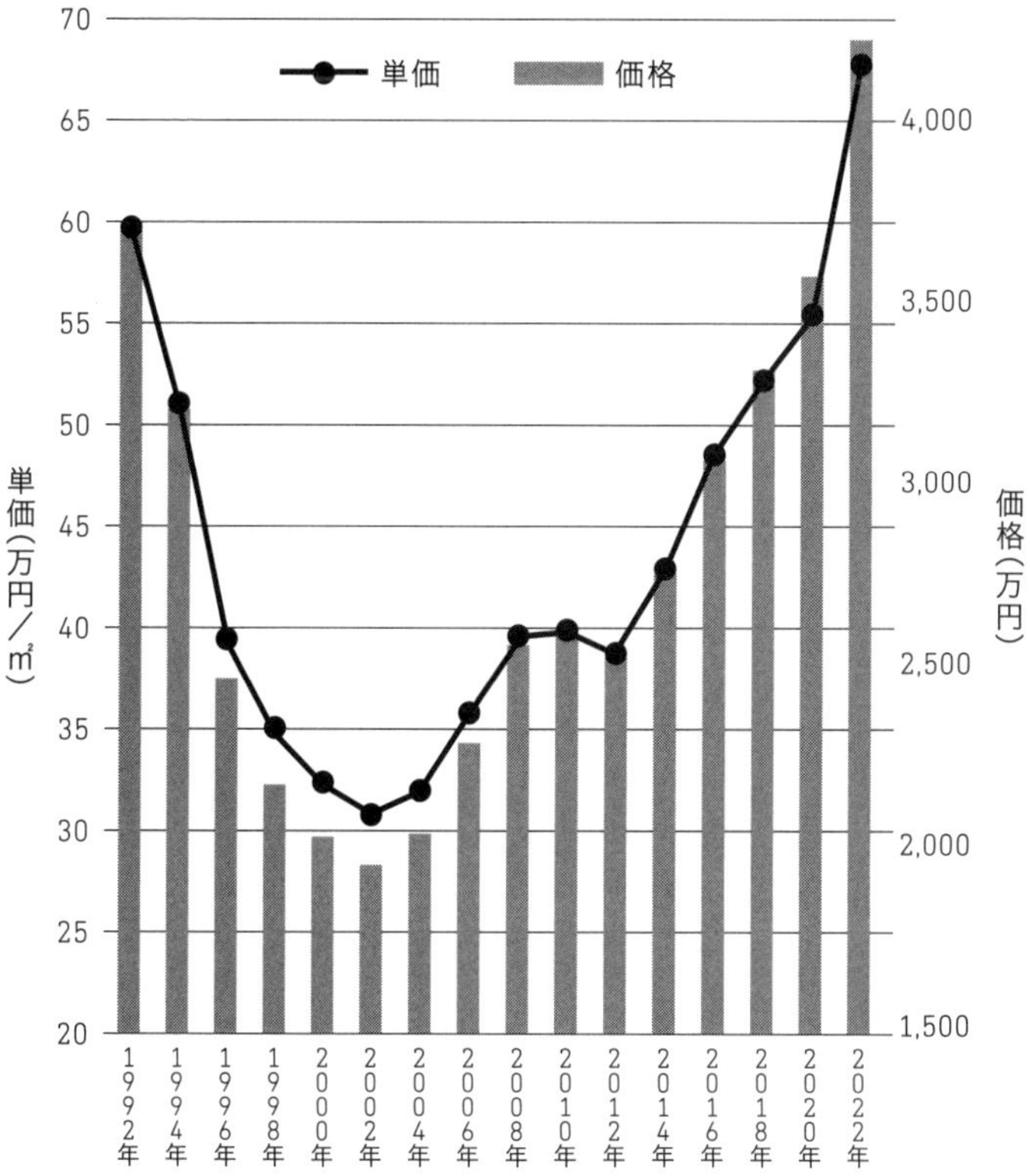

出典：公益財団法人東日本不動産流通機構「首都圏不動産流通市場の動向(2002年度)」
「首都圏不動産流通市場の動向(2012年度)」
「首都圏不動産流通市場の動向(2022年度)」
https://www.home4u.jp/sell/juku/course/sell-228-20410

た。不動産は投機の対象となり、高金利にもかかわらず青天井で価格は高騰していった。

現在、日本の住宅ローン金利は変動金利で0・2パーセントからである。これは世界的に見ても異常なほど低水準で、不動産は依然買いやすく、買い手がたくさんいるので不動産価格はうなぎ上りだ。

2021年に開催された東京オリンピック・パラリンピックの選手村跡地を活用した晴海フラッグのように、新築マンションの一部には投機筋の動きが見られるものの、基本的には中古マンション・戸建ての購入希望者は実需に支えられていて投機的な動きはない。

なぜここまで日本の不動産価格は上がっているのか?

新型コロナウイルス感染症の蔓延によって、ヒト・モノの供給が減り、世界中の経済活動が落ち込んだ。先進各国の中央銀行は景気を刺激するために、ゼロ金利政策へと移行し、大規模な金融緩和をおこなった結果、世界中で金余りとなり、貨幣価値が弱まってしまった。

さらにロシアのウクライナ侵攻による資源価格の高騰も影響して、各国でエネルギー・物価は過去に類を見ないほどの上昇率を示した。

資材価格の高騰、職人の高齢化による人件費増も相まって施工坪単価は毎年上がっている。それでも買い手がつくので、新築マンションの建設は堅調に続いた。港区最大の高級マンション・三田ガーデンヒルズも完売している状況で、高値をつけても売れる実績が出ると、それを参考にデベロッパーは土地の値段を算出して、マンションを建て、販売価格を設定する。こうやって少しずつ利益が上乗せされていき、不動産価格は毎年数パーセントずつ値上がりしている。

中古マンションも同じ状態だ。基本的に中古は新築の価格に連動する。隣に同スペックのマンションが建設されると、中古は新築価格の8～9掛けなどと算出される。築年数や部屋の大きさ、立地など個別要素が複数加わるため一概には言えないが（たとえば駅直結なら新築よりも価格が高くつくケースもある）、新築が上がれば中古の価格も基本的には上がる。

コロナ危機からようやく脱却したように見えた世界経済はインフレの脅威に直面して、先進各国はインフレ圧力を下げるために、一転して政策金利を異例のペースで引き上げ、利下げが始まってはいるが、現在もインフレ退治に躍起になっている。

しかし、日本は先進各国と比較して物価がそこまで上昇していない。これにはさまざまな理由があるが、大きいのは経済の成長が低迷しているため賃金が上がらず、消費の増加が抑制されていることだ。2024年7月末時点で日本の政策金利は0・25パーセントの引き上げが決定したものの先進各国とは大きな開きがあり、1990年以来、34年ぶりの歴史的な円安を招いている。

40年前のバブル期と違う光景は、海外富裕層の参入だ。投資用はもちろん、インバウンドによって日本を訪れ、気に入った都市にセカンドハウスをもちたいというニーズが高まっている。

たとえば、南青山にある2億円のマンションに1・9億円で買い付けが入っていた。当社（プロパティ・アクセス社）の顧客であるフィリピン人は2番手として満額で買う意向を示した。

しかし、2番手で2億円を提示すると、1番手が2億円で買い上がってきたときに成約してしまう。そこで2億1000万円までは予算として出せると確認をしたうえで交渉を進め、最終的には1番手の日本人が断念して購入に至った。

高騰する日本の不動産が買われ続ける理由として、円安を背景に海外の富裕層が参入している点も大きい。

なぜ海外の富裕層は日本の不動産を欲しがるのか？

海外の富裕層という新たな買い手が増えたことで、日本の不動産はバブル期以来の最高値で売却するチャンスがこの数年続いている。なぜ外国人は日本の不動産を欲しがるのか？　その理由はいくつか挙げられる。

①不動産の品質が世界一

海外移住した日本人はどこの国でも「日本の不動産は世界一の品質だ」と口を揃える。たとえば、日本では浴室を壁・天井・床・浴槽と、それぞれユニットごとに工場生産している。品質は壊れにくく防水性が高いうえに、職人の技術に左右されないものが出来上がる。それらを現場で組み立てるのだ。こうした技術はアメリカにもシンガポールにもフィリピンにもない。

あるいは、コンクリートもただ流し込んでいくのではなく、プリテストコンクリートと言って、工場でつくった品質が統一されたものを積み上げていく技術開発に成功している。もちろん、建築職人の技術も高く、施工管理の基準も厳しい。日本の建築業界は安定した品質のものがしっかりと供給されるシステムが確立されているのだ。

２０１６年、わたしはシンガポールに渡り、海外不動産のコンサルティング会社を立ち上げた。その後、日本企業との提携が増えて帰国することになるが、３年ほど住まいを構えていたのはシンガポールの中心街オーチャードに位置する築12年のタワーマンションだ。

日本では給湯器のボタンを押すと数秒で温かいお湯が出てくる。小さな給湯器ひとつで洗面所、浴室、キッチンを同時使用してもお湯が途切れることはない。

シンガポールではタンクに温水を貯めているだけなので、家のどこかで同時に使うとそれだけでお湯が切れてしまう。家族が一人入浴したら、次の人は水シャワーで我慢するか、お湯が沸くまでしばらく待たなければならないという不便さであった。

また、このときに日本では考えられないような住宅トラブルに相次いで見舞われた。たとえば、空気の入れ替えをするために窓を開けてしまうと、翌日、窓を閉めているにもかかわらず、雨水が平気で入ってくる。部屋は湿っぽくなるので当然カビも生えやすくなる。

隣のマンションが建て替えになった際には、この密閉度の低さから工事現場にいるのかと思うくらいのひどい騒音に悩まされた。

施工技術が低いので劣化が早く、点検もしっかりしていない。雨水が入ってくるのは窓ガラスとサッシの溝を埋めるパッキンが老朽化しているからだ。定期的な点検や管理組合による大規模修繕に対応できるような修繕積立金もないので、メンテナンスは甘い。

日本の建築技術、施工管理基準、管理の仕組みは世界に誇れる。建物の品質が高いので、中古物件でも海外富裕層に安心して買われるのだ。

②外国人が土地を所有できる

海外で自国民以外が不動産を所有しようと思ったら、さまざまな規制が存在する。シンガポールでは追加印紙税として不動産価格の60パーセントが上乗せされる。1億円の物件を買おうと思ったら、1億6000万円を用意しなければならない。オーストラリアも州や国籍によって違いはあるが、外国人は8パーセント前後も多く税金がかかる。マレーシアでは多くの州がローカルの人たちを保護するために、外国人は3000万円以上の物件しか買えなくなっている。ニュージーランドでは外国人が不動産を所有することすらできない。カンボジアではコンドミニアム・マンションの外国人オーナー比率は70パーセントまでと制限されている。タイは49パーセント、ベトナムは30パーセントだ。

一方、日本では外国人も日本人と同じ条件で不動産を所有できる。１００戸あるマンションを外国人が丸ごと所有することもできる。一棟もののアパート、マンション、オフィスビル、島でさえ土地付きで所有できる国は世界的にも稀《まれ》で、海外の富裕層が日本の不動産投資をする大きなメリットになっている。

③不動産価格が割安

日本不動産研究所による第22回「国際不動産価格賃料指数」（２０２４年４月現在）では、港区元麻布の高級マンション価格を１００としたときの各国都市との不動産価格を比較している。

香港の富裕層が２５０万円かけて、東京で１週間ほどの不動産爆買いツアーに参加しているという報道がフィナンシャルタイムズやＢＢＣで報道されたが、不動産価格は香港の半分以下の現状を見れば納得できる。後述するが、東京は世界に類を見ないほど都市圏が広いので、平均的に分譲単価が安くなる。

世界の各都市の高級マンション価格水準比較

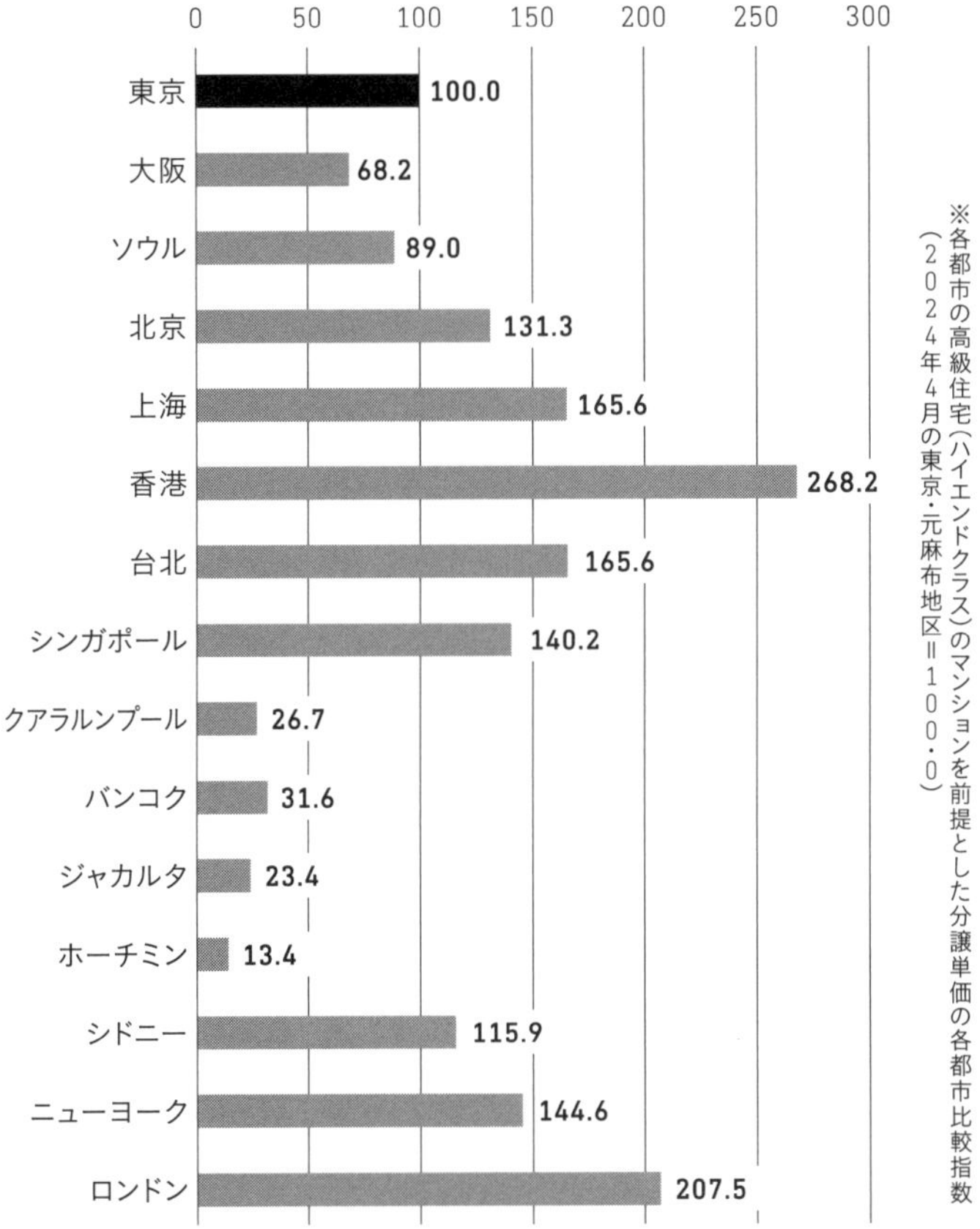

※各都市の高級住宅(ハイエンドクラス)のマンションを前提とした分譲単価の各都市比較指数
(2024年4月の東京・元麻布地区=100.0)

出典:「第22回 国際不動産価格賃料指数(2024年4月現在)」(日本不動産研究所)より著者改変

金利が低く外国人もローンを組める。アメリカなら8パーセント、シンガポールなら4パーセントだが、日本なら外国人も2パーセント台。利回りのほうが金利を上回る（ポジティブスプレッド）世界で唯一の先進国が日本だ。さらに円安が外国人投資家の参入を加速させている。

日本の人口は世界12位だが、都市圏の人口で言えば、東京は世界1位（約3710万人）である。3000万人以上の人口を誇るのは世界でも東京とインドのデリーだけで、東京の人口ランキング1位は1954年にニューヨーク都市圏の人口を抜いて以来、71年間崩されていない。グレーター東京と呼ばれるのは、関東平野中に住宅が開発されているからだ。交通インフラも整っていて車を必須とする環境でもない。

また、日本は世界的に見ても好感度が非常に高い国だ。「世界最高の国ランキング2020」（USニューズ＆ワールド・レポート誌）では、スイス、カナダに次いで

［2024年］世界の都市圏人口ランキングトップ10

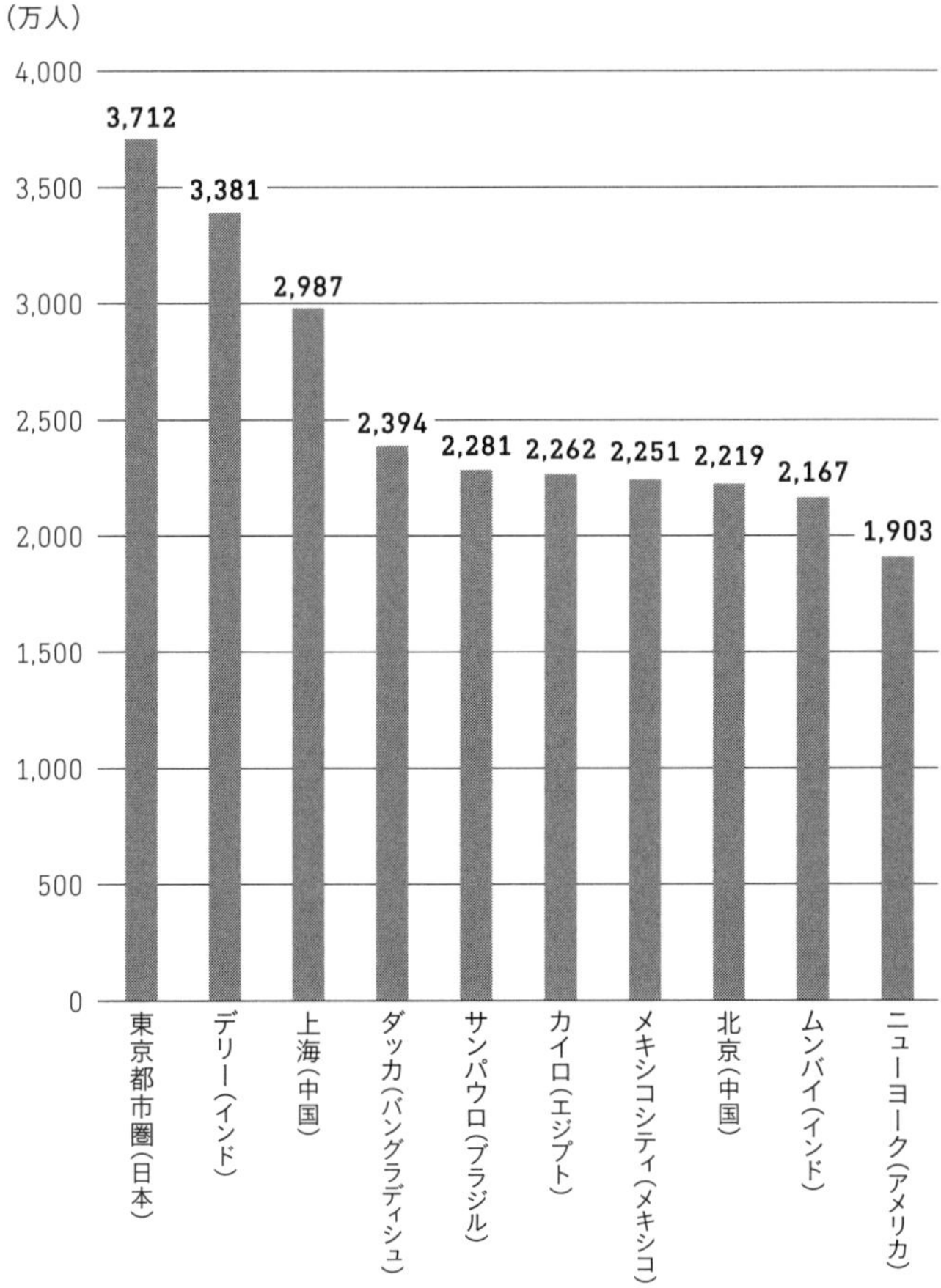

出典：https://sekai-hub.com/posts/un-urban-population-ranking-2024

日本が3位にランクインしている。これは9つのサブカテゴリー（冒険的要素・市民の権利・文化的影響力・起業家精神・文化的資産・発動力・ビジネスへの開放性・総合的影響力・生活の質）で評価されるもので、純粋な好感度だけではないが、2万人以上を対象にアンケートがおこなわれた比較的大規模な調査だ。日本はアジアのなかでもっとも好感をもたれている国だ。

いくら日本が好かれているからといって、日本人の感覚で言えば人口は減るし、経済はしぼんでいくので投資妙味はなさそうに思える。しかし、それはマクロの話でミクロならまだまだ儲かる不動産はあるというのが海外富裕層の見立てだ。

たとえば、物件を所有して一般の日本人に貸すのならば住む人の年収は上がらないし賃料は増えない。しかし、日本のインバウンド需要は高いという認識があるので、ホテルや民泊のAirbnbで運用できれば、客室単価を上げられる。

当社の事例でも、大阪にある小さめの一棟ホテルが5億円の売出価格に対して5億2000万円で売れたという実績がある。当初、日本の会社が5億円で買い付けを入れていたが、アメリカ人のビジネスオーナーが2番手で参入してひっくり返した。売出価格以上の値段を提示するのが海外富裕層である。後述するが、これは日本の不動産の商慣習的にはありえないことだ。

日本人であれば同エリアの同スペックの物件価格と比較して、高値であれば買い渋る。どうしてもお買い得かどうか、割安かどうかに焦点が当たってしまう。

しかし、外国人は土地勘がなく、買付エリアは外国人がよく訪れるところに集中している。その物件が周りと比較して割安かどうかではなく、自分の予算に見合っているかどうかが大事で、そのなかで利回りが取れる物件であれば買いと判断するのだ。

キャッシュバイヤーの存在で高く売れる

日本の不動産は海外から注目されている。ゆえに売却を検討する際には、買主として海外富裕層も候補に入れたほうが絶対にいい。その理由のひとつがキャッシュバイヤーの存在である。

たとえば、日本で東京都渋谷区の1億5000万円のマンションが販売されている場合、A氏が1億3500万円で購入申込を入れたとする。2番手でB氏が1億4000万円で購入を希望した場合、仲介業者はA氏に「1億4000万円で買い付けが入りました」と伝える。そこでA氏が「1億5000万円出します」と答えた時点で成約である。これは最初に申し出た人間に優先交渉権を与える、とてもお行儀のいい対応だ。仲介業者も売主から「1億5000万円で売ってくれ」と頼まれて、そのとおりに契約をまとめているのだから仕事をきっちりしている。しかし、売主の利益を最大化する取引とは言い難い。

海外では1番手で申込をしたA氏に優先交渉権があるという話にはならない。A

氏に「1億4000万円なら出せますか?」と聞いて、「1億5000万円なら出します」という返答があったら、今度はB氏に「1億5000万円以上出さないと手に入りません」と、オークションのように値をどんどん釣り上げて買い上がりをさせていく。

キャッシュで購入できるバイヤー(購入者)がいることで販売価格以上に売れることもある。ビジネスとしては合理的だ。海外には取引を「仲介」する業者はおらず、「不動産エージェント」と名乗る。売主側のエージェントは売主の、買主側のエージェントは買主の利益を最大化させることが仕事なのだ。

買い手側にもエージェントがついていて価格交渉や住宅ローンの斡旋などをおこなうが、昨今の不動産市場は需要に対して供給が足りていないので、売主側のエージェントのほうが圧倒的に立場は強い。

日本人はローン前提の買い手が多くキャッシュ購入の商慣習が少ないので、1億円の物件が売りに出た際に最大で売れても1億円になることが一般的で仲介業者もそれでいいと思っている。これにはさまざまな理由が考えられるが、ひとつは交渉が複雑化して長引くリスクがある。たとえば、1億円で売り出されていた物件に1億3000万円で買付申込が入ったとする。しかし、買い付けの2割は「ローンが通らなかった」「親の反対にあった」など、さまざまな理由でキャンセルされるものだ。もし1億3000万円の買い付けが入ったあと、1億円で引き続き販売されたらどうだろう？　売主の立場からすると、機会損失をしている気持ちになる。高値で売れれば仲介手数料も上がるので、仲介業者の利益も上がる。しかし、契約が早期にまとまるメリットと天秤にかければ、このような複雑な交渉をやりたがる仲介業者は少ない。

海外では欲しい人がいれば、価格の上限がなく値が釣り上がっていく。キャッシュバイヤーは周辺物件との比較ではなく自分の予算から物件の購入を判断する。この2点から相場よりも3割高く売れる可能性があるのだ。

不動産価格の上昇はいつまで続くのか？

ここまで話を進めてきたなかで、「日本の不動産が海外から注目されていることも、海外富裕層に高く売れることもわかった。だからこそ、もっと待てば待つほど高く売れるのでは？」という疑問が浮かんだかもしれない。

ただ、現実には多くの人は売り時を虎視眈々と狙っているというよりも「不動産価格は上がり続けるだろうから、今売ってしまったら、もう二度とマイホームを買うことはできないのではないか」という不安のほうが大きいだろう。

いずれにしても「日本の不動産価格は上がり続ける」と思い込んでいるわけだ。

「日本経済の成長性がないことはわかっている。この先、賃金も大して上がらないだろう。円の価値は下がり続け、輸入金額が上がって物価が上昇するなかで実物資産を所有していたほうが、老後の心配がなく生きていける。自宅を手放すというのはリスクで、いずれ子どもも独立して家を出て行くことを考えれば、夫婦二人でも十分に住み続けられる今の家が安全だ」

こんなふうに思われるかもしれない。

ただ、今、不動産を売ったら、老後の安心感はもっと増すだろう。高級マンションを売った時点で、富裕層の資産運用に入れる。簡単に言えば、お金にお金を稼がせながら、豊かに暮らすステージに入れるのだ。

トマ・ピケティの『21世紀の資本論』（山形浩生、守岡桜、森本正史訳、みすず書房、２０１４年）では資本主義の厳しい現実がｒ＞ｇというわかりやすい公式で示されている。資本収益率（ｒ）、つまりお金から得られる収益が労働の収益（ｇ）を上回ることで格差が起こるというものだ。

富裕層はお金を投資して得た利益を再投資することで雪だるま式にお金を増やしている。マイホームは立派な資産だが、所有しているだけでは単なる机上の数字である。資産は一向に増えない。もし利益確定すれば、キャッシュを利用して、富裕層の門を叩くことができる。詳しくは第4章で述べるが、先進国には、ある一定の金融資産をもつ者にしかできない資産運用法がある。お金持ちは堅実に、ラクしてお金を大きく増やしているのだ。

そして、不動産バブルの今こそ、この資産運用戦略に足を踏み入れる絶好のタイミングだ。

投機的な動きで不動産価格が高騰しているわけではないのでバブル崩壊とまでは言わないが、わたしはそろそろ上がり止まりがくるとみている。

なぜなら、日銀がマイナス金利から利上げに政策を転換しているからだ。金利が上がれば不動産価格は下がる。今、都心の不動産を買っているのは国内のパワーカップルや海外の富裕層である。夫婦合わせて年収2000万円ならローンは最大で10倍の2億円を借りることができる。しかし、金利が上がることで9倍までしか借りられないことになったら予算は1・8億円になる。そうやって少しずつ買えるプレイヤーが減っていき、価格の調整が起こるだろう。

海外の富裕層が日本の不動産に目を付けているのも、ドライに言ってしまえば消去法で選ばれているだけだ。円安で金利が低い、東京・大阪・福岡に限れば人口は減らない、インバウンド需要はまだまだあるという見込みから、ホテルとして運用すれば利回りはまだ伸びる。こんなことを考えている。

ただ、これから日本は金利を上げて、ほかの先進国は金利を下げるフェーズに入りつつある。円高になって不動産価格も上昇していくと、外国人の買いも弱まるだろう。そこで不動産価格が高止まりしている今こそキャピタルゲインを得て、運用で資産を増やしていく方法をお勧めしたい。

私自身は２０２２年に2回目の自宅マンションを売却した。そこで得たキャッシュを元手に資産運用を開始、現在は同エリアで1・5倍広い、グレードの上がった賃貸マンションに住んでいる。今まで住んできた家のなかでいちばん満足しているのでなんの不満もないが、古くなってきたらまた住み替えればいいという気軽さもある。

一つひとつの例を説明すると長くなってしまうので、私自身が実践した不動産売却の事例は動画で解説することにした。次の二次元コードからＬＩＮＥ登録すれば視聴できるので、ぜひ手に入れてみてほしい。

「持ち家を売ってしまって、そんなにすぐ新居が見つかるの?」という心配もあるかもしれない。わたしは売却が決まってから物件探しを始めた。契約が決まった時点でその週末に内見をして、3件ほど申し込みを入れた。書類を整えて審査に1ヵ月、引っ越し準備に2~3週間で、およそ2ヵ月が一般的に設定される住み替え猶予期間だ。売却時の契約に、「2~3ヵ月間の住み替え猶予を与える」という条項を盛り込むことはできる。

あるいは、同じマンションで賃貸の部屋が出たら、今の住まいは売りに出して、部屋だけ移るというのも現実的な方法だろう。

一度売却を経験すると、マイホームは一生住むものという固定観念がなくなる。子どもが大きくなったら、少し広い部屋がある家に引っ越すなど、ライフスタイルに合わせて自由に家を替えるという発想が生まれる。

ここまで日本の不動産価格の上昇、海外富裕層の参入、40年に一度の売却チャンスが到来していることを説明してきた。次章からは具体的にどんな買主がいるのか、国別の特徴と人気エリアを見ていこう。

買い手の数だけニーズがあり、国民性によっても好む物件は異なる。自身の持ち家が当てはまっているかどうかを照らし合わせながら読み進めてもらいたい。

事例 1

◆エリア
東京都渋谷区
神宮前

◆物件情報
タワーマンション
築10年
約70平米

◆売主情報
医師

不動産仲介業者を変えたら相場の1・5倍で売れた

売主は医師で33歳、結婚を機にもう少し広い家に住み替えを検討していた。独身時代から住んでいたのは渋谷区神宮前にある築10年の20階建てタワーマンション。売主は自宅を資産として考えていて、キャピタルゲイン狙いで相場1億5000万円のところをかなり強気の2億3000万円という価格で売りに出していた。

しかし、周辺にポスティングをしても、賃貸物件との比較や同エリアのマンション相場よりも高値のために、売り始めてから3ヵ月が経っても内見が増えない。

外国人に人気のエリアでもあるため、海外富裕層に狙いを絞れば売れると見込んで、海外対応のできる仲介業者に変更して、英語と中国語で物件の資料をつくり、海外の買主に情報を流してもらったところ、程なくして2億2000万円で成約した。

物件資料（マイソク）の英訳作業は費用も工数もかかるので、基本的に国内の不動産は日本語でマイソクをつくる。

また、自社で海外の買主を抱えていない仲介業者は両手取引ができないので、翻訳をしてまで外国人向けに資料をつくろうとは思わない。

しかし、外国人へアプローチできれば、日本人が手を出さない価格でも売れる可能性が高まるのだ。

第2章

世界中の富裕層が注目する日本の不動産

日本

年収2000万円以上の共働き世帯

まずは日本人だ。第1章で「日本人はこのまま不動産価格が上がり続けると思い込んでいる」と述べたが、買い手になるのはまさにこうしたニーズをもつ世帯年収2000万円以上の共働きパワーカップルだ。

東京・山手線内の新築タワーマンションは5〜10倍の抽選確率である。5倍だとしたら4人は落ちている。狙い目はこの層だ。資材価格が高騰していて、今後も新築は価格が下がるどころか上がり続けると思い込んでいるので、所得に余裕があってもこれ以上価格が上がってしまうと手が届かなくなると買いを焦っているところにニーズがある。

とくに人気があるのは港区・目黒区・千代田区・渋谷区で、山手線内の高級マンションを探している。

中国

年収3000万円超えの
個人事業主・ビジネスオーナー

世界的に見ても中国人は不動産が大好きだ。日本に不動産を所有したいと考える中国人はおもに個人事業主やビジネスオーナーで、日本のことをよく知っている。日本でビジネスをしている場合は、日本の永住権や銀行口座を持ちたいと思っていることから不動産購入ニーズがある。日本に住んでいて、日本法人があれば自分にビザを発行できる。銀行口座はビザがないと開設できない。10年経てば永住権の申請もできるようになる。

日本でビジネスをしていない場合には、本国ないしアメリカなどの先進国でビジネスを展開していて、年収3000万円を超えてくるようなビジネスオーナーだ。2〜3ヵ月に一度は来日していて、セカンドハウスや投資用として物件探しをしている。マンションでも戸建てでも物件の種類は好みが千差万別で、エリアも千代田区・港区・新宿区・渋谷区・文京区・中央区など広範囲にわたっているが、墓地が近くにあったり、景観として墓石が見える物件は買わない。投資の側面も強いので、ドライに価格で物件を選定する。複数所有する人も多い。

特徴としては買付申込も2〜3つ同時に入れて、複数物件を並行して交渉を進めてくる。このため、最初の言い値が変わることもしばしば起こりうる。たとえば、住み替えのために3ヵ月間引っ越しの猶予が欲しいと伝えると値引きをしてきたり、売主側のエージェントが小さなミスをすると、すかさず仲介手数料を下げるよう要求してくるため、交渉は一つひとつ慎重に進めていく必要がある。

また、中国から海外への送金が難しくなっているため、キャッシュで運ぼうとするケースもあるので注意が必要だ。日本人の感覚からすると1億円もの大金を海外から直接持ってくることはありえないと思い込んでしまいがちだが、契約条項に盛り込んでおかないと、決済日にほんとうに現金を持ってくることがある。国内銀行ではマネーロンダリングの観点から多額の現金は預け入れできないルールになっているところがほとんどだ。

欧米

年収5000万円超え、日本在住のサラリーマン、日本好きのビジネスオーナー

日本在住で外資系企業、商社に勤めている欧米系白人は住み続けることを決めて、職場に近い場所に不動産を探している。あるいは毎年日本を訪れるほど日本が好きで、日本に友人もいるビジネスオーナーが、セカンドハウスとして不動産を購入するケースもある。

欧米系の白人は年収5000万円超で、金融資産も1億円以上をもっている。目黒区・渋谷区・港区といったエリアにあるRC構造の低層マンションが人気だ。ライフスタイルの違いなのか、広めのバルコニーが付いている物件が好みで、このためタワーマンションよりも低層マンションを選ぶ傾向が強い。

韓国

年収3000万円以上の一流企業勤め、ビジネスオーナー

渋谷区上原のビルを所有していた不動産会社は売りを急いでいた。小さめの戸建てに近い建物をAirbnbで運用していたが、短期返済でローンを組んでしまったため、毎月数百万円の返済が発生し、キャッシュフローは赤字だった。

なんとか買い付けが入ったものの結局はキャンセルされてしまい、売り先に困っていたところに韓国人のビジネスオーナーが手を挙げた。

わたしは買主側の仲介として交渉に入った。売主は相当手元のキャッシュに困っていたのか、手付金や中間金の支払いなどを細かく求めてきた。そこで売主側の条件を呑む代わりに相場より2000万円安い、1億5000万円で購入。買主は法人をつくり、長期ローンを組んでキャッシュフローもプラスになるように粛々と進めることができた。

この買主は立地を魅力に感じて購入を決めた。人気のエリアはこの物件がある渋谷区のほかに千代田区・新宿区で、移住用ならタワーマンションが、投資目的なら木造のマンションでも収益性があれば買い求めていく。ソウルよりも東京の物件のほうが安くなっているので投資目的のニーズもある。

韓国人は日本に何度も足を運んでいて、日本語を話せるケースも多い。不自由なく暮らせるので、ゆくゆくはビザを求めているという人もいる。

特徴としては買う前段階で「過去10年間の取引実績を提出してください」という

ように数字をとても重要視する。エージェントが言うことよりも自らデータを分析して、「いくらで売れるのか？　将来的なキャッシュフローはいくらか？」を割り出す。ただ、申込み後の値引き交渉はせず、言い値を変えることは基本的にない。

台湾

年収2000万円以上、
個人事業主・ビジネスオーナー

韓国では、日本の不動産の窓口が務まるエージェントは限られているが、台湾には反対に日本の物件を紹介するエージェントがたくさんある。

将来的な台湾有事のリスクを考えて、移住し、永住権を取得したいという明確なニーズがあるのが台湾人の特徴だ。台北市は東京24区と言われるくらい親日の国で、日本で不動産を探している台湾人は当然、日本に何度も訪れているので、決断も早い。人気の物件は、年収レベルからすると高めでも買付申込が入る。

中国の人口が14億人、台湾はわずか1700万人だが、比較しても当社での取引実績は同程度の件数がある。そのくらい日本の不動産に対する台湾人の購買意欲は高い。

とくに人気なのは台湾人コミュニティが出来上がっている新宿区百人町だ。しかし、新大久保駅界隈は明確に買わなくなっている。韓国人コミュニティと棲み分けをしているのかもしれない。神楽坂も人気だ。不思議なことにここはフランス人のエリアではあるが、そこはあまり意識されていないようだ。

フィリピン

資産5億円超、2代目を含むビジネスオーナー

近年、フィリピン人の日本の不動産に対する熱量が徐々に高まってきている。ほとんどがビジネスオーナーのため、労働収入で暮らしているというよりは資産家で

日本に頻繁に来ている層が、セカンドハウスや投資目的で購入していく。

当社の顧客にも築地のマンションを購入したフィリピン人のビジネスオーナーがいる。はじめて相談に来たときには、「1年前の訪日では買いたい物件があったが、仲介業者からの提案が少なかったので買いそびれてしまった」と述べていた。知り合いが築地には必ず訪れるので、自分も築地で改めて探したいという意向があり、その場でいくつかの物件を紹介して、週末にバーチャル内見を実施。そのなかから築10年、60平米、9000万円のマンションを即決で購入した。投資目的での購入で、利回りは3パーセント。これから賃貸に出す準備をしている。

フィリピン人は戸建てではなくマンションを好むが、構造にこだわりは少ない。RC造でもS造でも気にしない。また、エリアも千代田区・新宿区・渋谷区・港区・台東区・中央区・文京区など広範囲にわたっていて、住みやすさを重視している。ただ、中国人と同じで墓地が見える物件には手を出さない。

国民の8割がカトリック教徒のため、教会のある四谷や、観光で訪れる銀座周辺も人気が高い。気質的には日本人と似ているところがあって、価格の交渉は激しくない。

ベトナム

年収3000万円超、
2代目を含むビジネスオーナー

東京都中央区日本橋にある約160平米の戸建てを購入したのはベトナム人だ。現地で不動産開発会社を運営している会社の二代目でAirbnbに転用する目的で購入した。

Airbnbは日本では旅館業にあたり、社員が施設に常駐していなければならず外国人にとってはハードルが高い。しかし、この買主は親戚の日本人を住まわせることで旅館業の免許を取得した。

社会主義国家であるベトナムだが、日本の不動産に興味があるのは経済都市ホーチミン在住のビジネスオーナーだ。先の物件を購入した買主の資産も数十億円規模だった。

ベトナム人は土地に対するこだわりが強く、マンションよりも戸建てを好む傾向がある。２家族が住めるような大きめの住まいを求めることもあれば、民泊用に購入するケースもある。

エリアの好みはなく、千代田区・新宿区・渋谷区・港区・台東区・中央区・文京区など広範囲で物件を探している。

タイ

年収３０００万円以上、
２代目を含むビジネスオーナー

日本が好きで年に２〜３回、北海道のニセコや山梨県の河口湖を訪れ、リゾート地に別荘を持ちたいというニーズがある。東京都内だと資産運用の一貫として、千代田区・新宿区・渋谷区・港区・台東区・中央区・文京区に投資用不動産を買い求めていく。マンションが多いが、戸建てでもこだわりはない。

シンガポール

年収3000万円以上、
2代目を含むビジネスオーナー

日本が好きで住みたいというより、完全に投資用として世界各国と比較しながら日本の不動産市場を見ている。お金に細かいので値引き交渉は強くしてくる。転売していかに利益が出るかが重要で、千代田区・新宿区・渋谷区・港区・台東区・中央区・文京区が人気エリアだ。

例外はリゾート地でニセコには別荘のニーズがある。ただ、その場合も自分が使わない期間、誰かに貸すことを前提としていることが多い。

東京以外の人気エリア

東京の不動産は高騰しているが、日本には借地借家法があるので、土地や建物の相場や経済動向の変動、近隣の類似建物との比較など総合的な観点から賃料を定めなければならず、簡単には上げられない。

不動産価格の上昇と比較して、賃料の上昇はゆるやかなので利回りが下がる。そう考えると、東京よりも利回りが高く、不動産価格も上がる可能性があるのは、人口が減らない大阪府（大阪市内）、福岡県（福岡市内）だ。外国人も観光で訪れるのでなじみがある。続くのが、神奈川県（横浜市内）、愛知県（名古屋市内）と、国家戦略特区に指定されて半導体関連企業が相次いで集まる熊本県（熊本市内）だ。

また、例外として、冬はパウダースノーに恵まれたニセコ、富士山のある河口湖周辺も人気だ。外国人に好まれ、日本だからこそ得られるものがあるという特色のあるリゾート地は注目されている。

ここまで買主の特徴について述べてきた。次章からは具体的にどのような売却活動をすれば自宅が高く売れるのかを述べていく。

事例
2

◆エリア
東京都新宿区
市谷

◆物件情報
一般マンション
築6年
約70平米

◆売主情報
経営者

売却後に賃貸住まいの快適さを享受

市谷にあるファミリー向けのマンションを所有していた経営者は、自分のマンションがいくらで売れるか逐一チェックをしていた。

キャピタルゲインが得られるとわかった段階からすでに5年が経過していたが、日銀の利上げ報道を目にして、いよいよ売却活動を始めた。売出価格は周辺の相場を調べたうえで、6年前に買った価格よりも3500万円高い1億円とした。多少強気の価格ではあったが、最悪成約しなければそのまま住み続けるという選択肢もあった。

築年数が浅いこともあり、毎週1～2件の内覧が入るものの、価格が高めだったこともあってなかなか買い付けに至らない。2ヵ月が経って、10件目の内覧でようやく買付申込が入った。

買主は近くの賃貸物件を借りていた弁護士の家族。2人目の子どもが生まれて、手狭になった家からの引っ越しを考えていた。値段が高くても売れたのは、裁判所が近いという買主のニーズを満たせたからだ。

売主は同エリアから動くつもりはなかったので、近くに賃貸マンションを借りて住んでいる。部屋も広くなって、メンテナンス不要、気軽に引っ越しができる賃貸住まいが快適だと言う。「今後不動産を買うことがあれば投資目的です。生涯、賃貸住まいでしょう」と話してくれた。

第3章

失敗しない 不動産売却

物件の売却価格を決める

タワーマンションだとすると、常時10～20の物件が売りに出ており、売却する場合、不動産会社のホームページやポータルサイト（SUUMO、HOME'S）に掲載されている同じマンションや近隣の物件が競合になる。また、不動産はスーパーマーケットに並ぶ食品のようにディスカウント販売のようなことは認められていない。唯一無二のものなので新築でも中古でも二重価格は禁止されている。

自分の所有する物件の相場を把握したら、2～3社の不動産会社に査定依頼を出そう。

ここで、いちばん高い査定価格をつけてくれた不動産会社に売却を依頼したくなってしまうが、ひとつ注意が必要だ。

査定価格と成約価格は異なる。過去の成約価格は宅建士（宅地建物取引士）だけが閲覧できるシステム「レインズ（Real Estate Information Network System）」でしか知ることができない。実際に売出価格を決めると、買付申込が入った時点で「1億5000万円のところ、買主の予算が1億3000万円しかない」といった指値交渉（買い主が売り主に対して値引きの打診をすること）が始まる。

売出価格そのままに満額で売れることは不動産取引全体の2割程度だ。指値交渉は挨拶代わりのように必ず発生する。20パーセント以上の値引きを交渉するのはマナー違反で、都内の物件なら5～10パーセントの範囲に収まる。それを踏まえたうえで妥協できる売出価格を決めておこう。

先述したとおり、日本の商慣習的に売出価格よりも高く売れることはないため、売出価格を決めた時点でそこが上限となってしまう。

指値が入っても自分が納得できる最低の価格で売れるかを見極めて値決めするこ

とが重要だ。

それでは、どの会社に査定依頼をすればいいのか？

よく家が近い、開発したデベロッパーの関連会社で仲介業者を選んでしまいがちだ。しかし、知り合いだから高く売れるわけではないし、有名な会社が高く売れるとも限らない。なかには「ネットや広告に強いんです」とアピールする会社もあるが、これは完全に売却を任せてもらうための宣伝文句である。

大手は顧客リストが多く、物件の契約書や重要事項説明書が丁寧につくられているので、売却後のリスクを最小限に抑えるようなことが基本的にはおこなわれている。たとえば、契約不適合責任といって、入居後2～3ヵ月は契約書上にない不測の事態に対して売主は責任を負わなければならない。その保険を無料で付帯する制度を設けているところもある。

また、居住している状態ではなく、すでに引っ越しを決めて売却活動を開始するときは、「ホームステイジング」といって家具を無料で配置して、モデルルームのようにしてくれる。ただ、これらはいずれも高く売れる要素ではない。

大手のセールスポイントは多種多様のようで、本質的にはどこも大差はない。「当社のホームページは他社と比べてこれだけの訪問者数があります」とホームページでの強さを推してきたり、「これだけの顧客数があるので過去にこれだけの成約をしています」と取引実績を強調してきたり、退去済みであれば「ホームステイジングでこういう差別化をしています」とアピールしてくるだろう。

お祝い金の支給やキャンセルの手数料無料キャンペーンなど、さまざまな施策が日々繰り広げられている。

タワーマンションならデベロッパーの関連会社が存在する。野村不動産なら野村不動産ソリューションズ、三井不動産なら三井不動産リアルティなどだ。

ただ、開発業務と仲介業務はまったくの別事業なので、関連会社だから他社よりもその物件に詳しいという理由にはならない。

そもそも大手はジョブローテーションがあるため、「10年間、このエリアを担当しているのであらゆる物件の取引実績や相場を熟知しています」なんてスタッフは、まずいない。関連会社の人間だから知識が多いとは限らないのだ。


そのほかによくあるのは、相談のしやすさから知り合いや近所の不動産会社に依頼するケースだ。メリットは、親身に相談に乗ってくれること、何かあったらすぐに駆けつけてくれるフットワークの軽さだ。ただ、売買は買い手がいくら出すかで決まるので、親身になってくれる知り合いだからといって高く売ってくれる理由にはならない。確かめるべきは仲介業者が持っている顧客リストのなかに、そのエリアで物件を欲しがっていて、高値でも買いたいと思っている人がどれだけいるかだ。

ネットや広告に強い会社、あるいは仲介手数料無料と謳う会社もある。新築のマンションではないので、基本的にはポータルサイト、大手の不動産ホームページに掲載するのが、いちばん見られるインターネット・マーケティング施策だ。その物件単体のウェブページをつくって広告を出しても効果に乏しい。ウェブ広告の出し方に長けているよりも、どこのポータルサイトやホームページに載せることができるかのほうが大切だ。

もしネットに強いと言われたら、ポータルサイトと比較してどのくらいアクセス数の増加が見込めるのかをしっかり確かめる必要がある。

また、「仲介手数料無料でやります」と言われたら、会う価値すらない。仲介手数料は1億円の物件なら3％＋6万円で306万円が仲介業者の懐に入るわけだ。

これを無料にするということは、仲介業者は買主から手数料を絶対に取らなければ利益が出ない。そうなると買主を囲い込みせざるを得ないので、自社の顧客リストにしかアプローチされず、他社のホームページに掲載されることはなくなる。

極端に狭い間口のなかでは高値で売れる確率は非常に低くなる。目の前の300万円が安くなるよりも、顧客へのリーチ数を広げることでそれ以上に高く売れる可能性のほうが遥かに高い。

これらを踏まえて、お勧めするのは大手を1社絡めて3社ほどに査定依頼を出すことだ。残り2社は自分の好きな会社で構わない。すると、仲介業者から「査定のために訪問したい」という申し出を受けることになる。

不動産仲介業者を見極めるポイント

□近隣の物件事例を豊富に提供し、査定価格の根拠を示してくれるか

□過去の取引価格を参考に、安易な価格の下方修正を提示していないか

□最高値で買う根拠を示さずに、ただ「この物件を買いたいお客さんがいます」と繰り返していないか

□他社にも積極的に情報開示をして、売却活動を広げようとしているか

□他社が広告しやすいよう、レインズに「広告可」で登録するつもりか

□過去に「○○の方がお客様のマンションをお探しです」といったオトリとも思える広告をチラシやポスティングで配布していなかったか

□仲介手数料について安易な値引き提案がないか（両手取引のみをめざしている可能性がある）

□根拠なく明らかに高い査定額を提示していないか（絶対に売れない価格でも専任契約を勝ち取り、のちのち値下げ提案をする営業手法の可能性アリ）

□海外のエージェントネットワークにアクセスしているか

□自社で外国人顧客を獲得する努力をしているか

事例
3

◆エリア
東京都港区南青山

◆物件情報
一般マンション
築20年
約50平米

◆売主情報
外資系金融勤務

リフォームをして相場よりも高値で売れた

外資系の金融機関に勤める男性は青山に築20年のマンションを所有して、賃貸として貸し出していたが、老朽化で修繕も検討すべき時期にきていた。借主が退去したタイミングで再度貸し出すか、売却するかの二択で迷っていた。

結局、市場が上がり調子なので売り抜けを考えて売却依頼をしてきた。経年劣化がひどかったので、リフォーム代を上乗せした値引き交渉がおこなわれる可能性が高いと伝えたところ、売主は「自分でやってみる」と50

0万円ほどで一通りのリフォームを実施した。自分と同じように多忙で六本木のオフィスまでタクシー通いする高所得者層をターゲットにして、リフォームプランだけは当社が紹介したリフォーム会社につくってもらっていた。

このように仲介業者は必要に応じてリフォーム会社を紹介することもあれば、デザインにこだわる売主であればデザイナーを紹介することもある。内装だけでなく、家具のデザイナーまでアレンジの幅は広い。

相場は1・3億円だったが、リフォーム分の価値を上乗せして1・5億円で成約した。

訪問査定は担当者の面接

仲介業者の実力はホームページを見れば、どのくらいの物件数を取り扱っているのか、自分の住むマンションをどう売り出しているか、ある程度把握できる。

ただ、物件が高値で売れるかは会社の実力もさることながら、担当者の努力が非常に大きい。だから、訪問査定には担当者を面接するような気持ちで臨もう。

不動産歴が5年では、この業界ではまだまだ経験が不足している。なぜなら不動産は月に1～2件の取引があればいいほうで、年間で20件程度が一般的な仲介業者の営業担当者の実績である。もし新卒で入社したら1年目は0件というのも当たり前で、2年目から月1件程度が成約できるようになってくる。

そうなると、5年経っても100件に満たない取引実績で、個別性が強い中古の不動産という取引において件数が少ないことは交渉力においても、不測の事態が起こったときのトラブル対応においても心もとない。

私自身がそうだった。28歳で会社をつくったときは海千山千の買主側の仲介業者に交渉でやり込まれることもゼロではなかった。

いくら上司がついてきても、フロントに立つのは若手の担当なので、売り方の引き出しも少ないし、交渉においても人の気持ちを汲む力が不足している。

たとえば、「この1億円の物件を買主さんがどうしても欲しいと言っています。ほかの物件も紹介していて、もし8500万円になるなら即時キャッシュで買うそうなのですが……」と買主側の仲介業者が迫ってくるケースがある。その裏では不動産の謄本を取り寄せていて、「ローンの残債が少ないので売主には余裕があるし、8500万円でも通る可能性がある」といった計算が働いている。

あるいは実際にリフォームする気がなくても「築10年ではかなり古くなっていま

すね。ここはグレードの高いマンションなのでリフォーム代も１５００万円くらいかかってしまうかもしれません。買主さんはフルリフォーム済みのほかの部屋も見ていて心が揺らいでいるんですよね。８５００万円ではどうかと売主さんに聞いてもらえませんか？」と値下げを交渉してくる。ただ、実際は築10～15年程度ではそこまで老朽化していないし、リフォームするとなっても壁紙だけなど表層部分に留まるのが常識である。

買主としては価格が下がればなんでもいいわけで、どこかにウィークポイントを見つけようとする。

「買主さんはきれい好きなのでトイレは新しく入れ替えます」

「ここは南西だから西日が強い。買主さんは隣のマンションの南東の部屋に２割ぐらいバリューの差を感じているみたいなんです」

値下げ材料を出そうと思えば、いくらでも出せるものだ。

相手方はさまざまな想定の下に交渉のカードを切ってくる。売主側の仲介業者にも当然「成約したい」という欲があるから、経験が足りないと「もしかしたら売主も条件を呑むかもしれない」と気が焦って、言われたことをそのまま売主に伝えてしまう。これではただの御用聞きである。

相手の状況を読みながら「8500万円では話になりません。9500万円以上から交渉のテーブルにつきます」と強気に返せるかは経験値がものを言う。見た目は爽やかな好青年でも、いざ売却活動を任せたら伝言ゲームになってしまって、全然交渉力がないことにあとから気づくというのはありがちな失敗例である。

次に、できれば担当者は売却するエリアの出身者であることが望ましい。土地勘が違うからだ。このエリアはどのように思われているのか、この路線はどういう印象をもたれているのか、やはり肌感覚がその土地で育った人間は違う。買主側が粗探しをしてくるなかで、過去の取引実績はデータを見ればわかるが、なぜその値段になっているのか、体感値がないと交渉をうまく運べない。

そのときに大事なのは土地勘だ。差別的な意味はまったくないが、都内の高級マンションを扱うなら、地域の特性が肌身に染み込んでいる東京出身者が適任だ。たとえば、「広尾にはどんな人たちが住んでいるか」「埼京線はどんな路線か」と聞かれたときに抱く空気感やイメージが、東京で生まれ育った人間と大学から上京してきた人間とではやはり違う。これは大阪なら大阪出身者、福岡なら博多出身者など、どこでも一緒である。高級マンションの取引は、その土地の出身者に任せるべきというのがわたしの考えだ。

その土地に生まれ育っているからこそわかるものがある。いくらネットが発達しても不動産はローカルビジネスなのだ。

また、不動産の知識、交渉の経験値、査定価格の相場感は基本的にもっておくべきもので、世界経済の動向、日本経済の見通しなどに関して幅広く知識を備えているほうが望ましい。不動産価格は土地や建物の価値だけではなく、その土地の文化や風習、宗教まで絡むからだ。

日本の為替はこうなっていく、物価はこうなっていくとしっかり説明できてはじめて買主に「この価格で買っても損しないどころか、儲かる可能性があるんだ」と納得感をもってもらえる。

不動産業界には財閥系不動産会社を頂点として、不動産ファンド、大手ビル賃貸業と続く「不動産ヒエラルキー」と呼ばれる力関係が存在する。残念ながら個人向けの仲介業者は業界内での地位が低い。インセンティブは高いので、トップ営業マンになれば年収2000万円はくだらないが、基本給はヒエラルキーに準ずる。

不動産業界ヒエラルキー

財閥系を頂点とした階層化構造になっている

順位	名称	企業名
1	**財閥系不動産会社**	三菱地所、三井不動産、住友不動産、東京建物、安田不動産
2	**不動産ファンド**	ケネディクス、DAインベストメンツ、PAGなど
3	**大手ビル賃貸業**	ダイビル、世界貿易センタービルディング、平和不動産、野村不動産など
4	**信託銀行不動産仲介部**	三菱UFJ信託銀行、みずほ信託銀行、三井住友信託銀行、SMBC信託銀行など
5	**外資系不動産サービス**	ジョンズラングラサール、CBRE、クッシュマン・アンド・ウェイクフィールド、サヴィルズ・ジャパンなど
6	**大手法人向け仲介会社**	三井不動産リアリティ、住友不動産販売、東急リバブルなど
7	**電鉄系・独立系デベロッパー**	タカラユーベン、コスモスイニシア、東急不動産、穴吹工務店など

8	不動産鑑定士	日本不動産研究所、大和不動産鑑定など
9	戸建て販売会社	オープンハウス、飯田産業、タマホームなど
10	オフィスビル仲介	三鬼商事、三幸エステート、ビルディング企画など
11	プロパティ&ビルマネジメント	東急コミュニティー、合人社計画研究所、三井不動産ビルマネジメントなど
12	住宅賃貸仲介	エイブル、アパマンショップ、リーシングなど
13	土地有効活用	レオパード21、大東建託など
14	地場不動産	
15	もしもし営業	
16	無免許ブローカー	

出典:『稼げる会社が分かる! 不動産就活2.0』(全宅ツイ著、ベストセラーズ、2019年)

わたしはこの「もしもし営業」と呼ばれる不動産仲介会社からキャリアをスタートした。入社してから毎日ひたすら飛び込むので「もしもし」と営業の電話をかけ、ポスティングをして、20人ほどいる営業担当者は誰一人として日経新聞を読んでいなかった。なぜなら、営業成績を分けるのは架電数とチラシをまくスピードだったからだ。

職業差別をしているわけではないが、個人用のマンション一室の区分仲介だけをしているとどうしても視野が狭くなる。これはマンションの一室とは画一化された商品で、求められる知識もシンプルだからだ。

不動産はマンションだけではない。戸建て、店舗、オフィスビル、ホテルなどさまざまで、それによって求められる知識もまったく違う。わたしは不動産投資ファンドに転職をしてオフィスビルを扱っていた。そこでは投資家が金額を弾く指標として「ＩＲＲ（Internal Rate of Return）」や「マルチプル」という言葉が当たり前に使われていた。

「ROI（Return On Investment）」は誰でも知っているかもしれないが、仲介業者として働いていたときには、これらの言葉に出くわす機会もなかった。不動産業界には英語が堪能で経済動向や金融知識が豊富な人材は非常に少ない。

手強い海外エージェントが現れた際に「ノンリコースローン」「預金担保ローン」「バルーンペイメント」すら知らないのでは太刀打ちできない。

◎仲介業者の実力を見極める魔法の質問

「マーケティングが得意なので広告で売ります」
「当社のホームページはこれだけ集客できます」
「保険がつくので安心していただけます」

仲介業者はさまざまな誘い文句で仲介契約を結ぼうとしてくるだろう。繰り返すが、高値で売れるかどうかは担当者の力量に依るところが大きい。大手だろうが、中小だろうが、売却活動をするのも交渉をするのも担当者の努力に大きく影響されるからだ。

どれだけネットワークがあるかと質問することが、担当者の実力を知るいちばん手っ取り早い方法だ。SNSで不動産関係者とどれだけつながっているか聞いてみてほしい。フェイスブックなら最低1000人は欲しいところだ。手前味噌だが、わたしはフェイスブックでの不動産関係者のつながりは軽く1000人は超えていて、Xのフォロワーは2・6万人だ。

仲介業をしていると、共同仲介といって買主と売主の仲介業者が別々になるケースがある。通常、一定の取引量があれば不動産関係者の知り合いは増えていくものである。それがあまりにも少ないと、顧客を囲い込んで買主と売主の仲介を自社だけで完結する両手取引ばかりしているのかもしれない。

これではネットワークの力を使えないので、自社の顧客リストにアプローチし切ったら、あとは広告を打って待つだけになってしまう。

富裕層同士はつながっているので、富裕層の顧客をたくさん知る仲介業者とつながっていれば「〇〇マンションの部屋は確実に案内できる」という情報が出回る。高級物件になればなるほど、人間関係の影響力は強くなる。人脈に勝る営業力はない。

だから、「買主さんを連れて来られるようなお知り合いの不動産エージェントとか会社さんを何人くらいお持ちなんですか?」と遠慮なく聞いていい。ここで注意したいのは買取会社の名前が挙がってくる場合があることだ。後述するが、買取会社には間違いなく割安で買われてしまう。「買取会社を除いて」と一言添えるのをお忘れなく。

営業担当者を見極めるポイント

- □宅地建物取引士の資格取得者か
- □約束を守るか、マナーは良好か
- □髪型、ひげ、ネクタイ、シャツ、スーツ、バッグ、靴などすべてに清潔感はあるか
- □自宅訪問の際に靴下に汚れ、穴などがないか
- □専門用語を極力使わずに、わかりやすい説明をしてくれているか
- □デメリットや不利な情報もしっかり示しているか
- □ローンや税金などについても丁寧に教えてくれているか
- □「業界の慣習」という言葉で話を片付けようとしていないか
- □高く売るための戦略・シナリオを提示しているか
- □不動産関係者の知り合いが1000人以上いるか（SNSのフォロワー数含む）
- □「傾聴」を意識して、一方的に話していないか
- □あなたが言ったことにYESばかりではなく、プロの見解を伝えているか

□不明点は正直に「わからない」と言って、のちほど迅速に調べて報告するか

□「がんばります」「売ります」「任せてください」など根拠のない精神論を並べ立てていないか

□査定時、部屋の確認よりも自社の宣伝を始めていないか

□「最後は買取もできます」と、安く買い取る提案を推していないか

□電話やメールなどのレスポンスは早いか、誤字・脱字はないか

マイソクで見極める

仲介業者に売却活動を依頼すると、マイソクと言われる物件の販売資料を作成される。フォーマットに決まりはなく、100社あれば100通りのデザインが出てくるが、これも仲介業者の実力を推し量る指標となる。

1億円を超える高級物件なのに安っぽいデザインのマイソクがつくられている例も珍しくない。キャッチコピーも、「新着情報」「南西角部屋」「今年はじめて出た」などセンスの欠片《かけら》もないものが平気で堂々と並べられている場合もある。

とくに海外富裕層は、高級感を大事にする。部屋がセンスの良さを感じるデザインに見せられているか、何を訴求したら買主がたくさん来るか、物件の価格に見合った内装のこだわりが感じられるか、自分なりに考えて納得いくマイソクをつくってもらおう。そもそも多言語でつくられていないと外国人に売り込むつもりがないということではあるが……。

マイソクは必ず売主に確認が入るので「自分が買主だったら、この物件が欲しくなるか、億を超える買い物をしたいか？」という視点でぜひ見てほしい。参考までにマイソクの例を載せておく。

良いマイソク（デザイン性があって写真の画像も良い）

○○タワーレジデンス29階
販売価格 30,0000万円 非課税
●東京メトロ日比谷線○駅徒歩5分
●都営地下鉄浅草線○駅徒歩8分
1LDK
専有面積／65m²
トランクルーム面積／0.5m²
バルコニー面積／7.3m²
【おすすめポイント】
＊39階建て複合大規模レジデンス
＊○○駅から徒歩5分圏内
＊25階部分　北東角住戸　眺望良好
＊共用施設、サービスが充実
30階 ゲストルーム
20階 ジム、キッズルーム

■所在地／東京都中央区日本橋人形町○丁目○番地○号　■販売価格30,000万円（非課税）■交通／東京メトロ日比谷線○駅徒歩5分、都営地下鉄浅草線○駅徒歩8分
■専有面積／65m²　■バルコニー面積7.3m²　■間取り／1LDK　■総戸数333戸　■築年月／2017年3月　■構造／鉄骨・鉄骨鉄筋コンクリート造地下3階地上39階
■管理費／月額34,500円　■修繕積立金／月額16,650円　■管理形態／全部委託（日勤）　■土地権利／所有権　■現況／空室　■引渡日／相談　■取引態様／媒介

悪いマイソク（情報が少なく、写真の画質も粗い）

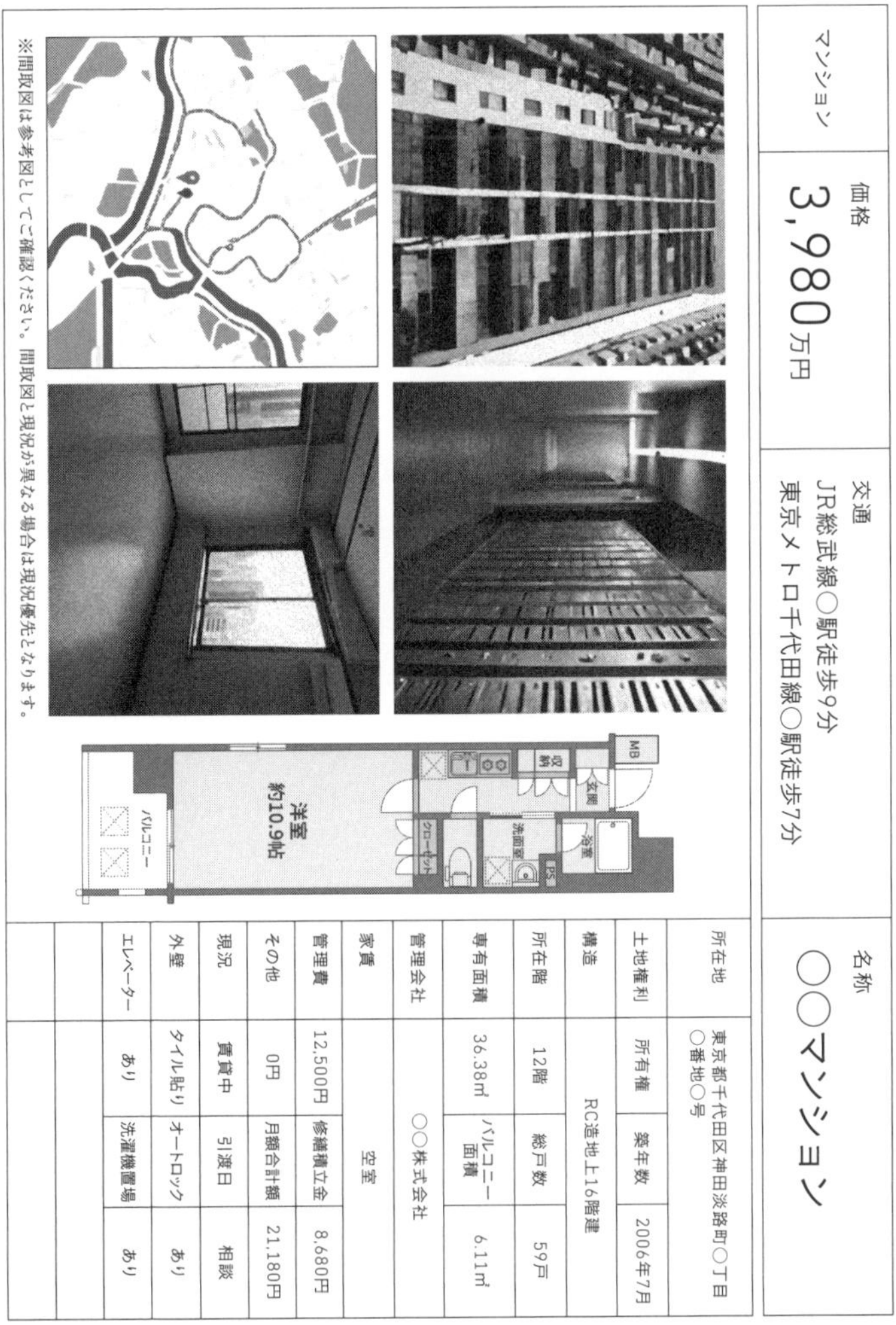

マンション

価格 3,980万円

交通 JR総武線○駅徒歩9分
東京メトロ千代田線○駅徒歩7分

名称 ○○マンション

※間取図は参考図としてご確認ください。間取図と現況が異なる場合は現況優先となります。

所在地	東京都千代田区神田淡路町○丁目○番地○号		
土地権利	所有権	築年数	2006年7月
構造	RC造地上16階建		
所在階	12階	総戸数	59戸
専有面積	36.38㎡	バルコニー面積	6.11㎡
管理会社	○○株式会社		
家賃	空室		
管理費	12,500円	修繕積立金	8,680円
その他	0円	月額合計額	21,180円
現況	賃貸中	引渡日	相談
外壁	タイル貼り	オートロック	あり
エレベーター	あり	洗濯機置場	あり

事例
4

◆エリア
東京都港区虎ノ門

◆物件情報
タワーマンション
築3年
約80平米

◆売主情報
投資家

不動産業界以外のネットワークで買主を見つける

都内にあるいくつかの超高級マンションは売りに出されても、物件情報がレインズに公開されることはほとんどない。なぜなら著名人が住んでいるからだ。大リーグの大谷翔平選手は自宅が特定されたことで引っ越しを余儀なくされたというニュースが報じられたが、著名人は身元特定を嫌うので水面下で売却活動がおこなわれる。

東京都港区にあるタワーマンションの売出価格は3億7000万円とした。この金額が出せる買主も限られるので仲介業者は多方面にアプローチすることが求められる。今回のケースは画商から買主を紹介してもらうことで成約に至った。絵画は減価償却ができる資産なので、画商は富裕層のネットワークをもっている。

当然海外の富裕層にもアプローチをしたが、結果的には日本国内の著名人が購入をした。

仲介業者は自社のリストや不動産業界のつながりだけでなく、いざとなったらありとあらゆる人脈を駆使しての販売努力が求められるのだ。

不動産売却活動の流れ

仲介業者はホームページやポータルサイトにマイソクの情報を掲載する。同時にメールや電話でハウスリストに営業をかけて物件情報を周知する。

日本では不動産会社に依頼する場合もあるが、個人でもポータルサイトを調べたり、ポスティングされたチラシを見て、物件の販売会社に直接問い合わせをするケースがある。

しかし、海外ではエージェントに「こういう条件の物件を探してほしい」と依頼して物件を紹介してもらう形になっている。

このため、海外富裕層への日本の物件紹介は、海外エージェントが直接つながりのある国内エージェントから収集してきたものか、国内のポータルサイトに掲載されている情報に限られる。海外のエージェントはレインズを見ることができないので、一般の人と同じようにSUMOなどのポータルサイトから探すしかないのだ。

だから、マイソクは多言語である必要がある。日本語だけのマイソクは、海外エージェントが独自に英訳して買主に渡さなければならないなど、時間も手間もかかるので敬遠されがちである。大体、マイソクの作成に3時間程度、掲載に1時間程度の時間がかかる。

当社では英語、中国語、韓国語と顧客に応じてマイソクを使い分けている。いくらAIで翻訳の手間がなくなったとはいえ、高い買い物をするときには母国語で表記されている情報のほうが信用できるはずだ。

国内の仲介業者も海外の顧客に対するアレルギーがある。言語の壁を乗り越えて、海外のエージェントから問い合わせが入ったとしよう。海外取引の実績がなければ、契約の流れ、送金の流れ、レートの決め方、内見の仕方など細かい業務がわからない。買主がビザを欲しがっていると言われても対応できないだろう。

蛇足だが、海外に買主がいる場合、内見は大抵オンラインでおこなわれる。エージェントが画面通話しながら、室内を映すのだ。直接内見しなくてあとからクレームにならないか不安になるかもしれないが、日本は不動産契約がしっかりとしているので、物件についての細かい説明が重要事項説明書以外にも物件状況報告書として記載されている。この内容に間違いがあれば仲介業者の責任になるが、そんなことはほとんど起こらない。「中古物件のため、細かい傷は必ずある」という前提でサインをしてもらうので、購入後にトラブルになるのは水漏れが急に起きたといった突発的なケースだけで、「内見とはイメージが違った」というクレームはない。

仲介業者が基本的にめざしているのは両手取引だ。買主を自分たちの手で見つければ、手数料3％が買主と売主の両方から手に入る。

そう考えると、海外の顧客をもっていない時点で自社のハウスリストにいる日本人が営業対象となる。つまり、海外富裕層に高く売れる可能性があってもアプローチすらしない。

実際、海外富裕層の出す金額は、国内の買主と比較しても圧倒的に高値だ。肌感覚として100件の取引のうち、80パーセントは海外富裕層のほうが高値で物件を買っていく。それのくらい海外富裕層の購買力は強い。

当社だけでも1年弱で海外から現状500件ほどの引き合いがあるので、それだけ日本の物件を欲しがっている海外富裕層は多い。

売主の利益最大化を考えれば、まず海外富裕層にアプローチするべきである。しかし、国内の仲介業者からしてみれば、煩わしい海外対応をする手間を考えると、多少は安値でも自社のリストで買い手を見つけたほうがラクだし、両手取引ができるので得なのだ。

値付けは相場より3割高く

実際にいくらの値付けをすればいいのか？　わたしが提案したいのは相場の3割増しである。同じマンションの一室や近隣マンションの価格を調べて、30パーセント上乗せしよう。

「同じような部屋が3割も高く売りに出ていて買い手がつくのか？」と疑問に思うかもしれない。しかし、為替レートの違いがあるので海外富裕層狙いなら十分に売れる見込みがある。

もちろん、国内顧客しか取り扱わない仲介業者に「相場の30パーセントアップで」と伝えても渋々ながら売却活動を進めてもらえるだろう。ただ、結局買い手が見つからず、過去の成約事例を引っ張ってきて値下げを提示するだろう。

国内にしか顧客がいない仲介業者は、海外の富裕層を顧客にもつ仲介業者と比べて旗色は悪い。価格を下げていかなければ売れない確率が高いのだ。

契約は専任媒介か一般媒介

聞いたことのある人も多いと思うが、仲介業者との契約には専属専任媒介・専任媒介・一般媒介の3つの形態がある。

専属専任契約は1社に専属で売却活動を依頼する契約である。この場合は、売主が買主を見つけてきても必ず手数料を取られる。「知り合いに買ってもらうことにしました」「子どもに譲ることにしました」と伝えても（自己発見取引）、買主と売主両方から手数料3パーセントずつが発生するのが専属専任契約だ。

その代わり、仲介業者は販売報告の義務があり、書面に残すような形で7日以内に1回、売主に販売状況を報告しなければならない。

昔は専属専任だと営業担当者のモチベーションが上がって広く顧客を見つけようとするという利点があったかもしれないが、ネットが発達した現代では専属専任にしたからといって買主へ広く情報が広がるわけではないし、専属専任にする利点はまったくない。

売主が選ぶべき契約は専任媒介か一般媒介のどちらかだ。専任媒介は1社との契約になるが、14日以内に一度の販売報告義務がある。自己発見取引は手数料を取られない。

一般媒介では複数社との契約ができる代わりに販売報告義務はない。ただ、一般媒介の場合、3社に依頼したら、それぞれからマイソクの確認や内見の依頼がくる。これは思った以上の手間である。

たとえば、A社から「土曜日に内見ができますか？　10時ごろはどうでしょう？」と連絡が入ったあとすぐにB社から「2件ほど内見の申し込みがありまして、まとめたほうがお手間ではないと思いますので、土曜日の15時と16時はご都合いかがでしょうか？」と言われる。

そして、C社から「日曜日は空いていますか？」と言われると土日がほとんど潰れてしまう。もし1社だけに依頼すれば、最初から同じ日、同じ時間帯で調整してくれる。

忙しい方にとって媒介契約は、仲介業者を主治医選びだと思って1社のみと結ぶのが賢明である。それならば最初から専任媒介にするか、一般媒介でも1社に絞って依頼すればいい。専任媒介の場合、報告義務のほかに、7日以内にレインズに載せなければならない。一般媒介はレインズに載せる義務はない。

これは裏を返すと名前が出たら困る人は一般媒介しかないということだ。たとえば、自宅を売却していることが世間に知られると株価に影響するような大企業の経営社や役員である。オフマーケットで売却活動をする場合は前述したとおり、仲介業者の人脈がモノを言う。担当者がどれだけのネットワークをもっているか見極めよう。

ポータルサイトに名前が載ってもかまわなければ、広く告知したほうが効果的なのは言うまでもない。

ただ、海外富裕層にアプローチしようと思ったら、一般媒介で最初はレインズに載せないほうがいい。なぜなら、オフマーケットでは「非公開物件です」という情報の出し方がいちばん効果的だからだ。海外富裕層は「あなたしか知らない預かったばかりの情報」と聞いた途端に目の色が変わる。

海外顧客をもつ仲介業者は国内にいくつかある。財閥系の大手不動産会社、ＫＥ

Nコーポレーション、プラザホームズなどに加えて、フリーランスのエージェントもいる。ただ、大手であっても海外チームは限られた人数で、数百人組織のなかで数人というケースも珍しくはないため、どこまで海外対応に力を入れているのか見極めは重要だ。

当社は海外顧客を専門として不動産仲介をおこなっているので、無料査定のご希望があれば、次の二次元コードからＬＩＮＥ登録してみてほしい。

売却活動の見極めポイント

専任媒介契約だと14日間に一度、報告書があがってくる。営業活動をしっかりしているかどうか見極めるためには具体的な数字が記載されていることが大切だ。何件の顧客にどういうアプローチをしたのか、どのウェブサイトに掲載したのか、たとえばレインズなら物件情報のダウンロード数が毎日更新される。これらの履歴は情報として最低限、報告書に盛り込むべきものである。

さらに、内見がある場合は見送りになった理由を正確に把握していて、改善の手を打っているかも重要である。

顧客からノーが出たときには変えられない理由と変えられる理由がある。たとえば、大幅な予算外だった、親の反対にあった、そもそも買うこと自体をやめたとい

売却活動についてのチェックポイント

- □大手不動産会社のHPに2社以上掲載されているか
- □SUUMO、HOME'Sには最低限掲載されているか
- □見込み客をもっていそうな近隣エリアの不動産仲介会社へメールや電話などで2回以上、告知したか
- □写真を多く使い、高級感の伝わるマイソクになっているか
- □レインズへの登録は写真が多数掲載されて、魅力的な図面になっているか
- □レインズのステータスは販売中になっているか
- □ネット広告やレインズのアクセス数、資料ダウンロード数、ポスティングなどの販促状況を数字で確実に報告しているか
- □広告内容の報告を受けているか
- □内覧件数の報告は受けているか
- □ほかの不動産仲介会社から内覧の申し込みが入っているか
- □必要に応じて、内覧時の説明パネルやアピールシートの設置を提案しているか

□買い手の意欲が上がるような内覧のアドバイスがあるか（部屋のクリーニング、ペットの異臭ケアなど）

□内覧した買い手が購入に至らなかった理由を把握し、対処できるものはしているか

□現在の価格で売却に至らない原因を明確に示しているか

□最新相場、競合物件との比較・動向、対策を逐次提示しているか

□売却活動についてPDCAを回して改善策を提示しているか

□窓口の担当者が頻繁に変わっていないか

□英語でマイソクや物件資料をつくっているか

□外国語を話すチームが物件案内に立ち会えるか

うのは仲介業者が何を言っても変えようがない理由である。

しかし、窓からの眺望で目の前の建物が気になったという理由なら植栽を置いて目隠しする。壁紙が古いと言われたら、「壁紙はそこまでお金がかからないので、こういう壁紙が○○円で変更できます」と答えられるように準備しておく。もしくは居住中の部屋で「汚い」と買主に言われてしまったら、売主には「次回の内見前には整理しておいてください」と当然伝えなければならない。

改善アイデアが出せているかどうかが見極めのポイントである。改善案があるとはPDCAが回せているということである。だからこそ、「今週はこのような活動をしていきます」と過去の営業活動を踏まえて、未来への戦略が提案されているかが営業活動がしっかりおこなわれているかどうかの見極めポイントである。

3ヵ月で売れなかったら会社を変える

媒介契約は法律上、3ヵ月以上はできない。更新のタイミングで仲介業者を変更するか検討しよう。

不動産売買の成約期間は平均3ヵ月と言われるが、今の地合いなら需要が供給を上回っているので、都内の高級マンションは2ヵ月ほどで売れる可能性が高い。

もし3ヵ月で物件が売れない場合、仲介業者は大幅な値下げを提案してくるだろう。ただ、値下げはあらゆる営業活動を尽くしたあとの最後の手段である。外国人にアプローチしたのか？　ポータルサイトには細かく掲載されているか？　広告は出されているか？　チェックすべきことはごまんとある。

しかし、素人に仲介業者の営業活動が漏れなくおこなわれているかを見抜くことは不可能なので、報告書でPDCAが回せているかをチェックしよう。

わたしの経験上、値下げを簡単に提案してくる仲介業者はまず手を尽くしていない。3ヵ月経って真っ先に値下げを提案された時点で、「この価格で再度チャレンジしたいから他社でやってもらいます」と解約してかまわないだろう。

このとき、最初に査定してくれた仲介業者のなかから選ぶのをためらう人がいるがまったく問題はない。もしいい担当者がいなければ、新たに探してもいい。

再度、査定のやり直しにはなるが、そのときに、「今は1億3000万円で売りに出しています。これまでの仲介業者はこんな売り方で営業活動をしてくれていました。何か違う方法はないでしょうか?」と正直に相談すればいい。きっと訪問査定時に「わたしだったらこうします」とアドバイスをくれるはずだ。

最低売却価格を教えてはいけない

売却前に仲介業者から「最低いくらで手放せますか?」と必ず聞かれる。物件は値下げしかり、指値交渉しかり、あなたが売りに出した瞬間、あらゆる形で値引き交渉が始まる。

買主は挨拶程度に必ず指値交渉をしてくるので、自分が住んでいてすぐに売りたいわけでもなければ、指値は断り続ければいい。

ただ、仲介業者に「指値は絶対に通しません」と言うのは控えよう。なぜなら指値交渉は仲介業者にとって腕の見せ所だからだ。

指値は断ってもよいのだが、余程のことがない限り100パーセント指値交渉になるので、あらかじめ高めに売出価格を設定しておくのが賢明である。もし指値交渉にならず、満額の申込みがあった場合は、値付けが安かったと思っていい。

たとえば、売出価格を1億円と決めて、仲介業者には「8000万円で譲ってもいい」と伝えていた場合、8000万円が努力ラインになってしまう。買い付けがなかなか入らなかった際に値下げの余地があると思われてしまうし、指値交渉が8000万円できたとき、仲介業者は「なんとか8500万円でまとめました」と意気揚々と報告してくるだろう。

指値交渉がおこなわれる前提で売出価格を高めに設定しておく、そして妥協できるほんとうの最低価格は、自分の心の内だけにそっと留めておこう。

事例
5

◆エリア
東京都中央区銀座

◆物件情報
タワーマンション
築20年
約80平米

◆売主情報
経営者

アピールポイントを変えて、売れ残り物件が2ヵ月で成約

銀座1丁目にあるタワーマンションで立地は申し分がない。80平米もある希少な物件だったが、間取りが1LDKだった。

1LDKだと単身か二人夫婦の世帯が対象となってしまい、ファミリー層のニーズは取り込めず、成約がしにくい。

しかも築20年が経過していたのでリフォームも必要となってくる年月が経っていた。

しかし、当社ではこれを逆手にとって、リフォーム時には2LDK、3

DKに間取り変更できることを明記して売却活動を開始した。

リフォーム代の見積りも揃えて、リフォーム前提で営業活動をしたところ、他社の仲介では半年間売れ残っていたものが2ヵ月で成約に至った。

リフォーム・リノベーションにも詳しい仲介業者は数が少ない。ただ、リフォームに強い会社から適切なアドバイスをもらえればスムーズに売却できることもあるのだ。

買取会社とは直接話す必要なし

仲介業者のなかには訪問査定をした時点で、買い取りを申し出てくる会社もある。なぜ仲介業者が買い取りするかというと転売目的だ。そのため売却価格は相場よりも必ず安値になる。

ここで買取交渉の裏話を正直に話そう。

査定を依頼された仲介業者は、「この金額だったら買えそうだ」と事前に見積っている。そして、訪問前に上司と「この金額ならいけますか?」「いやいや、それなら査定しないとダメだよ。このラインならいいよ」と予算の打合せをおこなっている。

だから、訪問査定時には「この物件に関しては一般的に市場の最低価格は1億3000万円くらいです。ただ、当社でも買い取りをしておりまして、1億2000万円なら明日お金をご用意できます」と交渉を始める。売主側からすると「8000万円で買った物件だし、4000万円も利益が出るならいいか」と思ってしまいがちだが、実際は1億6000万円くらいからチャレンジすべき物件であったりする。

「この人は1億2000万円だったら納得するな」という見極めから査定は始まっている。買取会社が提示する価格は、その物件相場の下限額だ。

仲介業者は売主の利益を最大化する責務があるのに、最安値で自社が購入しようとすることは立派な利益相反行為である。しかし、不動産業界ではいまだに買い取りが公然とおこなわれている。なぜなら仲介業者にとって利益が出るからだ。

市場の相場価格を100としたときに、買取会社の提示する金額は70〜85だ。もし専属専任契約で買い取りができたら、買主分と売主分の計6パーセントの手数料が入る。そして、今度は100で市場に販売をする。このときに売れたら手数料がまた3パーセント手に入る。

さらに海外富裕層には130で売れるポテンシャルがある。売ったものをふたたび110で買い取って、130で売り出す。すると、仲介業者の懐には合計で手数料12パーセントと売却益35〜50が入ることになる。

仮に相場価格が1億円の物件を例にした場合、単純計算で約6134万円を仲介会社は手にする。これに対し、真面目に相場価格で片手取引した場合、仲介手数料3パーセント+6万円（306万円）しか手に入らない。これを見ただけでいかに仲介業者が買い取りをしたがるか、その理由がわかるだろう。

買取会社は仲介者の顔をしながら近づいてきて、最低価格で買い叩いてくる買主だ。あるいは、仲間内の買取会社を紹介してくる場合もある。仲介業者の担当者が毎回同じ買取会社へ案件を紹介しているケースだ。業界用語で「たんぼ」というが、担当者ボーナスの略である。

この不動産業界の闇にわたしは疑問を感じて、1社目で売却専門の会社をつくった。市場へ公平に情報を流し、少しでも高く買ってくれる取引先を見つけられるようにするための仕組みづくりをした。売主が買取会社に任せるメリットはよほど売り急いでいるときだけである。

仲介業者が訪問査定に来た時点で「御社は買い取りをやっていますか？」と必ず質問してほしい。

模範回答は「当社は買い取りはやらないのですが、買い取っていただく会社さんはたくさん知っています。もし、早く売りたいご希望があればご紹介できますが、相場よりかなり安くなってしまいます」である。「はい、買い取りもしています。見積りましょうか？」と答えた時点で「お帰りください」だ。

事例
6

◆エリア
東京都千代田区
麹町

◆物件情報
一般マンション
築11年
約60平米

◆売主情報
弁護士

見せかけの査定価格で不動産仲介業者に騙されそうになった

弁護士の方が裁判所に近いからという理由で、セカンドハウスとして新宿通り沿いに築11年の物件を所有していた。

仲介を依頼したのは、いちばん高値の1・4億円で査定してくれた大手の不動産仲介会社。大手の安心感もあって売却活動を依頼したものの、売出価格ではなかなか成約せず、最終的に8000万円で買取会社からのオファーがあった。

これは業界用語で「干す」と言われる手法だ。とりあえず査定は高くして売却の契約を結ぶ。そこから売却活動に勤《いそ》しむフリだけして実態は放置する。干すとはほったらかすという意味がある。当然、内覧が入らないので「価格を下げないとダメですね」と安くさせて最終的に買取会社を斡旋する。

あるいは買い付けが入りそうになったら「ほかの方で契約予定です」と言って申込が入らないようにする。もしくは買付申込が入ったなかで、いちばん高値をつけている買主を隠して、「このお客さんはキャッシュもお持ちで安心感があります」と自分たちの手数料が最大化するように自社の顧客を紹介する。この「隠す」という行為はれっきとした宅建業法違反だが、明るみに出にくく、堂々と手口として使われているケースがある。

ほかにも専任媒介契約ではレインズに登録しなければならないので登録証明書を売主に渡したら、すぐに非公開の情報に変えてしまう。または掲載しても「内覧は清掃の関係で２週間後になってしまうんです」と引き延ばして、自分たちの営業活動を最大限できるようにするといった手法が横行した。

そこでレインズ側も対策をしてステータス表示をつくった。すると、今度はすべて「契約予定」にステータスを切り替えて申し込みが入らないようにされてしまった。現在は売主がＱＲコードをかざすと自分の物件ステータスが確認できるようになっている。

結局、この売主は買取会社からのオファーを断って、仲介業者を変更したところ、ほどなくして１・２億円で無事に成約した。

第4章

富裕層の資産運用戦略

2階建ての資産運用方法

新NISAとインフレによって、近年、資産運用の機運が高まってきたものの、少し前までスタンダードチャータード銀行やHSBC（香港上海銀行）が個人向け業務から撤退せざるを得ないほど、日本人の資産に対する考え方は非常に保守的だ。

日本人の金融資産は約2140兆円あるものの半分は預貯金で占められていて、株式や投資信託などで運用するという考え方は一般的ではなかった（2023年12月末時点）。アメリカではこれが逆転していて、個人金融資産の半分は株式や投資信託、預貯金は1割ほどになっている。

海外では投資信託、保険などさまざまな投資商品を組み合わせて資産運用するのが一般的で、この日本人の現預金の多さに注目して、相次いで海外銀行が参入してきた。しかし、2015年10月にはシティバンクの個人部門も三井住友銀行に買収されてしまい、ことごとく失敗している。

不動産を売却して多額のキャッシュを得たあとどうすればいいのだろう？　わたしがお勧めするのは、プライオリティバンクを活用し、金融資産を担保に融資を受け、レバレッジを利かせた運用をする方法だ。海外では当たり前の知識だが、日本ではまだ一部にしか知られていない。

国内外の富裕層を数多く見てきたなかで、この方法がもっとも効率よく手元資金を最大限に活用できる資産運用方法だと言える。

レバレッジという言葉にリスクを感じる、抵抗があるという人は多くいる。しかし、私たちはじつは当たり前のように借金をしている。代表的なのは不動産だ。ローンを使って手持ち資金以上の資産であるマイホームを所有するのと原理的には同じで、証券や外貨預金を担保にお金を借りることで資産運用金額を大きくする。ローンのため当然、金利を支払わなければならないが、借りたお金の金利が2パーセントだとして、利回りがそれ以上なら利益が出る計算だ。

これは2階建ての資産運用といって、海外では一般的である。なかには担保で借りたお金をまたほかの金融資産に預け入れて担保にし、お金を借りる3階建ての運用をする人もいる。日本でもＨＳＢＣやシティバンクがこうしたサービスをおこなっていた。

金融資産が数億円ある富裕層はプライベートバンクを利用して、このような資産運用をおこなっている。準富裕層はいきなりそのステージにはいけないので、プライオリティバンクを利用するのが最適な方法だ。

国内の金融資産でも2階建ての運用は可能で、ＳＭＢＣ信託銀行プレスティアでは、5000万円を下限に預け入れた金融資産の8割まで融資が得られる。

プライオリティバンクとは通称で、要は優先顧客向けのサービスをする銀行である。香港のHSBCやシンガポールのDBS銀行が挙げられる。これらは一般顧客向けのサービスとは別に、大きな金額を預けてくれている顧客向けのサービスを提供している。

その上には、顧客専用のプライベートバンクが存在する。アメリカ、シンガポールだと5ミリオンなので、それぞれレート換算すると7・5億円と5・5億円ほど預けている人たちの資産運用を個別にサポートしてくれる。

富める者はますます富むというのは真実で、プライオリティバンクやプライベートバンクでは担保を得るための最低保証金がある。その代わり、専任の運用担当がついて資産運用戦略をコンサルティングするのだ。

ただ、結論から言うと、プライオリティバンクのスタッフの言うとおりに運用するのはまったくお勧めしない。プライオリティバンクの仕組みはうまく利用して、カモにならないように債券を購入するべきだ。債券は償還日まで保有すれば全額保証される手堅い投資商品で、利回りは4パーセント程度だがリスクは低い。

わたしがソニー不動産に会社を売却した2014年、キャッシュで不動産を買えるだけ買った。そのあと残りをシティバンクに預け、言われるがまま投資信託を買ったら、資金が2割減ってしまい、手痛い勉強代となってしまった。

「これからはBRICSが成長します」と、今ならリスクしかない売り文句だが、不動産しか知らない、株や保険など資産運用の知識がまったくない30歳そこそこの経営者は目先の儲けに目がくらんでブラジル、ロシア、インドと新興国にどんどん投資した結果、すべてがうまくいかなかった。

預貯金のつもりで某メガバンクにも数千万円を預けたら、個室に通されて副支店長が出てきた。自分も上顧客になったのだと内心喜んで、相手が何を買わせようかと色眼鏡で見ていることに気づかなかった。トルコ・リラ建てやブラジル・レアル建ての投資信託を買わされて、個人用保険にも3種類入らされた。

数々の資産運用に失敗してきたわたしだが、もっとも買ってはいけないと思ったのが、この個人用保険だ。保険は長期投資となり、元本を上回るまで5年ほどかかる。そのあいだは資金が塩漬けになってしまう。定期預金のようなものだとあとから気づいて即刻解約した。

海外の保険はローンで購入することができる。海外移住して、現地で仕事をする計画がある人は、ローンで保険を買うのはいい。日本ではローンを使えないので資金効率が悪すぎる。資産運用としては悪手だ。

プライオリティバンクのシステムはすばらしい。預けている金融資産を元手に低金利で融資を受けることができる。相談に行ったら、紹介される商品は買わずにいくらお金が借りられるかを確認しよう。

金融機関によって異なるが、ＳＭＢＣ信託銀行なら５０００万円の預け入れと１０００万円以上の資産運用でプレスティアゴールドプレミアムのステータスを得られる。これは米ドル建ての外貨預金か米国債にするのが賢明だ。

なぜなら、ローンの担保となる金融商品が株式や投資信託になると価格が下落して５０００万円分を割ってしまった場合、追証が発生する。ただ、米ドル預金ならただ円をドルにしただけなので、円安になろうが円高になろうが、追証が発生することはない。

高めのリターンを求めるのならば、ローンで借りたお金で投資信託を買うのはいい。なぜならローンの金利以上にリターンが必要だからだ。５０００万円を預け入れたら、証券担保ローンで５０００万円なら８掛けの最大４０００万円まで借りられる。これを投資信託などやや積極的な運用に回すのだ。ただし、新興国はリスクが高すぎるので、S&P500や全世界株式など手堅い投資商品を選ぶことを強くお勧めする。

利回りがローン金利を上回っていれば、元本保証される米国債にしてもいい。

通貨分散をする

第1章で述べたとおり、残念ながら日本経済は今後大きく成長していく可能性が極めて低い。人口減少し、貧しくなっていくこの国で円の価値は下がっていくだろう。2024年7月に、37年ぶりに1ドル160円を超えて騒がれたが、長期的にはもっと円高になることが考えられる。

日本円だけ持っているのはリスクで通貨分散は、海外の富裕層が当たり前にやっている資産防衛方法だ。わたしはキャッシュの50パーセントはシンガポール・ドルの定期預金とリタイメント・インカムで保有している。これは保有期間が長いほど利回りがよくなっていく養老保険だ。そのあいだ、死亡した場合には保険金が支払われる。これは日本の生命保険会社も扱っているが、海外ではローンで購入することができるのが最大の魅力だ。

最初はローンの金利のほうが高いのでキャッシュフローはマイナスになる。ただ、年々保険の利回りが上がっていくので、10年、20年経つことでキャッシュフローはプラスになっていく。20年経てば利回りは8パーセントだ。

２０１９年当時、１０００万円ほどで６０００万円分の保険に入ることができた。さらに円高でもあったので、現在の円レートで換算すると、８０００万円近くの価値になっている。５年経った今、キャッシュフローはちょうどトントンでこれからプラスになっていく。

もし明日わたしが死んでも、家族は円換算で８０００万円分の保険金を受け取れる。20年後には年間６４０万円が入ってくる状態になる。年金代わりの長期投資をしている感覚だ。

新NISAの影響で配当株投資も広まってきているが、8パーセントの高配当利回りの銘柄は限られる。企業業績によって株価が半分になるようなリスクもある。

保険なら経済環境が悪化しても保有し続けるだけで元本割れはない。しかも下手な高配当株よりも利回りがいい。当然、為替レートによる変動リスクはあるが、人口減少し、経済が縮小していく日本でこれから円の価値が強くなっていくだろうか？経済成長性のある国の通貨で資産を保有するだけでも、為替差益だけでも、資産を増やすことができる。

もちろん、わたしが失敗したようにブラジルやトルコなど、まだまだ経済が不安定な新興国はリスクになる。異常な利回りの高さに手を出したくなるかもしれないが、米国やシンガポールなど金融先進国を選ぶべきである。

リスクを考えたときに債券でもよいが、わたしの場合は保険にしている。いずれにしても老後の大切な資産が失われないように、大きく儲けようとせず、堅実な投資商品を選ぶべきだ。

わたしは、タイ、マレーシア、フィリピンに不動産を所有しているが、日本で利回り3～4パーセントの不動産を買うくらいなら海外に移住し、ローンで養老保険を買ったほうが堅実に儲かる。最低でもポートフォリオ全体の2割は海外資産にしておくことをお勧めする。わたしは、日本と海外で50：50のキャッシュポジションにしており、シンガポールに移住していたときから現在も変わっていない。

儲かる商品には裏がある

不動産も同じだが、うまい儲け話には裏があるので、素人が簡単に手を出してはいけない。たとえば、ラサール・グローバルＲＥＩＴファンドという金融商品がある。これは世界の不動産投信に投資をするものだ。

世界の不動産に投資したことがなかったのでやってみたかったことと、株や債券よりも利回りがよく、扱っているのは世界有数の不動産投資運用会社ラサール インベストメント マネージメントという安心感もあった。

しかし、ふたを開けてみると、購入時の手数料と信託報酬1・5パーセントが差し引かれる。それでも配当金が高いのは、原資を切り崩しているからだ。次の人が投資したお金が分配金に回されているだけなので、基準価格はどんどん下がっていく。分配金は多くもらえても、投資信託自体の価値が下がっていく。高い分配金を支払えるスキームには裏があるのだ。

当時8パーセントほどの利回りであったが、年間で15パーセントも基準価格が下がってしまい、証券担保ローンの一部にこの金融商品を組み入れていたため、「明日までに200万円入れてください」と追証が何度もきてしまった。

簡単に儲かりそうな話に安易に乗ると必ず失敗する。どんな金融商品でも同じだ。マンションを売却して大きなお金が入ってくると、うまく運用して儲けを出すことばかり考えがちだが、一気に大きく資産を増やそうとせず、時間をかけてでも堅実に伸ばす守りの資産運用をすべきだ。

同じことは不動産でも起こる。ベトナム、タイ、カンボジアに多いのは利回り8パーセントを10年間保証するといった物件だ。そして、10年後にデベロッパーが1・3倍の価格で買い戻すという条件までついている。

ただ、実際には8パーセントの利回りは出ておらず、売却して得た利益から分配金を支払っている。不動産のプロでないかぎり、このスキームを見抜くのは困難だ。デベロッパーは8パーセント以上の運用をしている、買ったとき以上の売却益が見込めるから自分たちも損をしないのだ、それだけよい物件なのだとアピールしてくるが、これはただのセールストークにすぎない。買わせることが最大の目的で、売却益を得られればデベロッパーはそのお金を回転させるだけなのだ。

不動産のプロなら近隣の似た不動産から土地と建物の価格を調べたり、過去の取引実績から売却価格を割り出す。比較したうえで今の実勢価格がいくらで取引されるか、利回りはどのくらいかを計算する。

すると、どう考えても売出価格が高すぎることがわかる。デベロッパーが利回りを保証して、高値で買い取りまでしてくれる物件は、下手をしたら相場の3～4倍で売られていたりする。結局、高い買い物をして、すずめの涙の分配金を受け取るだけで、総合的に見たら大きく損をしてしまっている。

近年、このスキームで被害に遭っている日本人が増えている。ひどい業者になると、集めたお金をほかの事業に投資して、資金ショートし、10年保証しながら分配金の支払いが2～3年で滞るところもある。

私自身、自戒の念を込めて言うが、どんなに安全な話に思えても、ハイリターンを求めると必ずハイリスクになる。長年住んだ家を手放して得た大事な資金だ。低リスクでミドルリターンを狙うのが富裕層の資産運用である。

資産の20パーセントを金融先進国の通貨で、外貨預金をするか、国債を買うのがお勧めだ。米ドルでもシンガポール・ドルでもユーロでもいい。ただ、先進国の通貨であることは必須条件である。経済の安定性と為替スプレッドの面でも有利である。

そして、低金利なので預け入れたお金を元にローンを組んで、そちらを運用していくのだ。

たとえば、1億円を預け入れて、8000万円を融資してもらったら、理想は海外の養老保険に入ることだが、居住者でなければ海外の保険はローンが組めないので、国内で運用するとしたら、人口が減らない地域の不動産を買うことだ。狙い目は大阪か福岡の中心街で、戸建てでもマンションでも民泊用でもいい。

なぜ不動産がいいかというと、さらにレバレッジを利かせることができるからだ。借りたお金を元手に、利回りが高くローンが9割引けるような物件を探して購入する。東京都内だと不動産価格が高騰しすぎているが、大阪市内や福岡市内ならまだ利回りの高い物件は見つかる。

すると、8000万円の物件を手付金や手数料諸々で1000万円ほどで手に入れることができる。しかも、かなりハイグレードの物件だ。

残りのキャッシュはまず海外の不動産に投資をする。ここは新興国がターゲットになる。東南アジアだったら、フィリピン、カンボジア、ベトナム、マレーシアでもいい。よく物件を見定めたうえで5000万円ほどの物件を購入する。あまり知られていないが、日本国内の不動産を担保にローンが使える国もある。こうして3階建ての資産運用が完成する。

国内の不動産はインカムゲイン、海外は価格上昇が強いのでキャピタルゲイン狙いでそれぞれ物件を所有する。

これで1億円の外貨預金か債券で、国内に8000万円の物件、海外に5000万円の物件を所有することになる。資産総額は一気に倍だ。残り1000〜2000万円は投資信託でもなんでも好きなものに投資すればいいだろう。

欲しい物件がなければ賃貸でもいい

マンションを売ったあとはどうするのか？　わたしは賃貸こそベストの選択肢だと思っている。日本では持ち家神話があるが、借地借家法があるこの国では借主の権利がとても強い。家賃が大きく値上がりすることもなく、追い出されることもない。よほど欲しい物件があれば別だが、自分の住まいを考えたときには賃貸のほうが割安でグレードの高い物件に住むことができる。

だから、わたしもマンションを売却してからは賃貸住まいだ。四ツ谷駅徒歩7分、93平米の部屋は、39万円の家賃で借りている。現在、同グレードの物件を買おうとすると、2億円はくだらない。住宅ローンを35年フルに組んで買おうと思ったら、月々のローン支払いは50万円におよぶ。

賃貸なら固定資産税を払う必要はない、「シャワーヘッドが壊れた」「エアコンが壊れた」と言えば、取り替えてくれる。エントランスや共用廊下は毎日清掃が行き届いている。メンテナンス費はフリーだ。

不動産は資産である。利回りが得られないと投資妙味がない。それゆえ、通常であればローン返済額よりも賃料のほうが高くなるものだ。オーナーはローンを組んで物件を買い、貸し出すときに家賃収入がローンの返済を上回らないと損をしてしまうからだ。

しかし、現在の市況はそれが逆転するくらい不動産価格が上昇している。首都圏の新築の供給戸数が２０００年代前半で８万戸あったものが、２万戸台になってしまっている。目玉の大規模開発も多くが完了している。これから供給量が減ることを見越して、今買わないと一生買えなくなるかもしれないと思っている人たち、投資用としてもう１部屋買っておこうとする富裕層たち、ここにインバウンド需要も絡んできて価格が釣り上がっている。

割安に住む秘訣は分譲マンションではなく賃貸マンションを選ぶことだ。分譲賃貸はローン支払いがあるので、新しく物件を購入したオーナーが市場価格に合わせて賃料を上げる可能性がある。賃貸マンションであればそうした発想はない。三井不動産のパークアクシスシリーズ、三菱地所のパークハビオシリーズ、タワーマンションもある。

法人が所有していて、上場投資信託に組み込まれている長期運用のいい賃貸マンションが狙い目だ。

あるいは、分譲マンションでもオーナーが古くから所有していて、賃料が上がっていない物件を探す。現在の相場からすると、50万円が適正でも、10年前に購入していればローン返済は30万円のまま、家賃は40万円でいいと設定されている物件もある。日本は借地借家法があり、賃料は上げにくくなっている。更新時に賃料を上げるためには、貸主と借主双方の合意が必要になる。もし借主が拒否した場合、貸主は勝手に賃料を上げることができない。従前の賃料を払い続ければ、いきなり追い出されることはない。

賃料改定するためには、裁判をするしかない。そうなると、賃料を上げるにふさわしいエビデンスを揃えなければならないし、弁護士費用もかかる。そこで悪徳な個人オーナーは立ち退き業者に頼んで、階下の部屋のバルコニーでくさやを焼いたり、夜に幽霊のふりをしてロビーの近くに立っていたり、嫌がらせをして追い出すというニュースが報じられることもあった。

通常、立ち退かせたい場合は賃料の8～10ヵ月分程度をお支払いして、和解をめざす。わたしが不動産ファンドにいたときは、毎週弁護士事務所に通って、立ち退きのためのミーティングがおこなわれていた。

本来50万円で貸せる物件を40万円で貸し出している状態であれば、相場よりも2割安くなっている。もし、賃料を2割上げることができたら、不動産価格も2割上げられる。10ヵ月分の賃料を支払っても、10億円の物件に12億円で値がつけられるので利益は大きい。

賃貸マンションがお勧めだが、もし分譲マンションを賃貸したい場合は、２００８～２０１０年あたりに竣工している物件はリーマンショック直後で安く買えているオーナーが多い。築15年ならまだまだ建物もきれいだ。あるいはやや古くなるが、２０００～２００５年に建てられた物件も賃料が安くなっている可能性が高い。

しかし、注意が必要なのは、一般的にマンションなら築20年を超えると大規模修繕が始まってくる。戸建てなら構造に瑕疵《かし》（漏水、屋上の防水性、白アリなど）がないかのチェックも必要で、見えないコストがかかるかもしれない。

そもそも修繕積立金は実施前、実施中と段階的に上がっていくことが多い。なぜなら、デベロッパーは売り出したいために、修繕積立金を低めに設定して、毎月の支払額が少ないように見せるから、途中で修繕積立金が枯渇してくるので上げざるを得ないのだ。

また、デベロッパーの関連会社が管理会社となって修繕計画を実行する。当然、自社のグループ会社に受注させたいので談合が発生する。

表向きはマンション組合と話し合って、相見積りをとっているが、談合がおこなわれていると最安値も何もない。高い金額を支払わされることになるのだ。

だから、修繕積立金は上がることを織り込んで物件選びをするべきだ。もしくは外壁が覆われてしまったり、工事業者が出入りすることを敬遠する人も多い。セキュリティ面で心配はある。気になる人は、借りる前に大規模修繕計画がどうなっているか確認しよう。

マンション管理組合の理事が不動産に詳しければ、見積書を見て無駄な支出がないかチェックできるし、知り合いの施工会社を相見積りに参加させる交渉もできる。わたしもマンション組合の理事長をしていたときがあった。すると、「竹林がせり出していて剪定作業が必要です」「一部のフロアの内壁が爆裂していて修理が必要です」と、必要以上の支出が目に余った。「景観的には何も問題がないし、人が出入りするような場所でもないでしょう」と、修繕費が雪だるま式に増えていくのを是正していた。

管理会社が情報をあまりにもちすぎているので、最近ではマンション管理組合のコンサルティング業務をおこなうサービスも存在する。管理会社が委託している業者に「清掃が週3回しかないのに、この金額は高いと思います。次回の理事会ではかの清掃業者にも見積りをとるよう議題としましょう」とアドバイスをもらえるのだ。大規模なタワーマンションは修繕積立金も数百万円～数千万円レベルで費用が変わることもあるので、そうしたコンサルタントを起用しているところもある。

それでも物件を買いたい

もし、新築でも中古でもマイホームを新たに欲しい場合には、売却した仲介業者に「こういう条件だったら買いたいと思っている」と伝えておくことだ。仲介業者にとって買い手がすぐ見つかることほどありがたい話はない。キャッシュを持っていることは目に見えているので、仲介業者は「売却益は今後何かに運用するつもりだろう。投資妙味があれば興味をもってもらえるかもしれない」と考える。

賢い営業担当者は、1人の顧客と何度も取引する。売却活動を手伝うだけでなく、今度は買ってもらえるように、賃貸住まいなら更新の3ヵ月くらい前から適した物件を紹介し始める。

だから、長い目で見て、継続的にコミュニケーションの取れる優秀な仲介業者やエージェントを1～2人、お付き合いしていくのがいい。

マンションの場合、築20年が経過したころから大規模修繕がおこなわれると述べたが、戸建ての場合は、そういった仕組みがないので、瑕疵がないかを自分で調べなければならない。屋上や軒下など、自分では見られないところを購入前にプロに調査・検査してもらうのだ。海外では古くからあるインスペクターという専門職業で、国内でも日本インスペクターズ協会がある。

また、注文住宅の場合は実際の建物が図面どおりになっていないこともある。建てたときは図面どおりで、行政の建築確認が完了していても、あとから「屋上に備え付けの物置をつけた」「駐車スペースの上に屋根をつけた」と増築した場合に、ふたたび検査を受けていない可能性がある。不動産は容積率が決まっていて、土地の大きさに対して、建物の広さ（延べ床面積）が規定されている。これをオーバーしていると違法建築となってしまい銀行の融資は下りない。ほかにも地下の配線が変わっていたり、プロでも見抜きにくいのが中古の注文住宅だ。

資産性を考えれば山手線から徒歩10分圏内

新たに自宅を所有するとしても、数年後にはふたたび売却を見据えている人もいるだろう。その場合は東京の山手線内もしくは徒歩10分圏内、50平米以上、ワンルーム以外、築15年以内の物件を選ぼう。

マイホームを売却して、都心から離れて八王子などの郊外へ引っ越してしまう人もいる。確かに不動産が安く、広い家に住めるかもしれないが、持ち家の資産性を考えた場合には、10年後、20年後、人口減少が顕著で買い手がいなくなる。二束三文の価値になってしまうだろう。

また、50平米以上からが住宅ローンの対象になる。二人暮らしならワンルームでもいいが、ファミリー向けに考えればツールーム以上が望ましい。5年後に売却することを見据えて、築15年以内の物件にする。

賃貸では老後が心配!?

高齢になった際に家を借りられなくなるので、持ち家がないと苦労するという神話がまかりとおっている。大家の立場からすれば、高齢者が入居するリスクは事故物件になることだ。しかし、UR都市機構の物件は高齢であろうが年齢を理由に入居を制限することはできない。

あるいは、子どもが社会人になって、夫婦二人暮らしになる。60歳手前なら現役で働いている。そのタイミングでダウンサイジングのために賃貸を借りれば、そこから住み続けて70歳になったときに、一般的には別の賃貸に引っ越すという選択肢にはならないだろう。介護サービス付きの高齢者向け住宅や特別養護老人ホームなど安心して住める住居を探すはずだ。

少子高齢化は日本の社会問題なので、インフラ整備は進んでいる。都心から離れると、大型のシニア向け住宅もたくさんある。老後の選択肢は充実しているのだ。

新築マンションに住み替えたいときの注意点

これまで家を売るための方法を述べてきたが、買う場合に注意したいことも説明しておきたい。

あなたが住み替えをしたいと不動産会社に申し出ると必ず中古を勧めてくるだろう。もし新築マンションも検討したいのであれば、自分で探すしかない。一時的に賃貸住まいをしながら、仲介業者に「いい物件があれば紹介してください」と伝えたとしても、2年後に完成予定の新築マンションを紹介してくることはまずない。

理由は、新築マンションのデベロッパーが仲介業者に手数料や紹介料を支払うことがないからだ。もしあるとするならば、よほど売れ行きのよくない物件になる。一方で仲介業者にとっていちばん狙いたいのは不動産の両手取引だ。買主から依頼があって、自分で売主を見つけてくれれば売主からの手数料3パーセントも懐に入る。

しかし、新築物件はデベロッパーが非常に強気で、仲介業者が「買い手を見つけてきました」と言っても、手数料を支払わない。デベロッパーは同じグループの販売代理店と契約し、販売を一括で任せていて、そちらに手数料を落としたほうがいいし、東京の大規模な開発は何もしなくても抽選になるくらい人気が高いため、他社に頼らなくても売れるからだ。ほかの仲介業者が入る余地はほとんどない。

また前述のとおり不動産販売において二重価格の公示が禁止されているので、たとえ仲介業者が「うちの買主さんは販売価格の1・5倍を出すと言っています」とアピールしてもデベロッパーは受け付けてくれない。新築は売れ残ることがない限り必ず売り出し価格で取引される。

このため、仲介業者は戸建てなら新築を提案するが、基本的にマンションは中古の物件を紹介してくるのだ。

しかし、個人的な持論だが、資産性ばかりを気にして住みにくい家に我慢して住むくらいなら、本質的には快適に過ごせる、住みたい家に住み替えをしてもらうのがいいと思っている。

もちろん、ローン返済の持ち出しが発生したり、高値づかみにならないように一定の資産性は見るべきだ。

ただ、最終的に自分の住む場所は、納得感を大事にして決めることがいちばんだ。不動産は資産だが、自分が使うものでもある。車も乗り心地がいい、ステータスになる、ただ走ればいいなど求めるものは人それぞれだ。単純にリセールバリューだけで選ばないだろう。家も同じように、最終的には資産性よりも自分の好みが重要になってくる。内見をして自分が住みたいと思うかも大切にしてほしい。

おわりに

わたしの親は、不動産を購入したことはあるが売却をしたことはない。それも自宅のマンション購入の一度きりで、昨年そのマンションは築50年を超えた。当然、わたしもそのマンションで幼少期から大学卒業まで過ごしたわけだが、築30年を超えたあたりから、古さを感じるようになった。また、大規模修繕やエレベーターの更新工事時には修繕積立金が不足し、各所有者が数十万円の一時金を負担することになり、管理組合で借り入れをおこなう必要も生じた。

大学を卒業し不動産業界に入ったあと、密かに実家の査定をしてみた。そして、実家に立ち寄るたびに「今なら購入した金額の3倍で売れるから住み替えたら?」と提案をしていた。

親は「持ち家がないのは老後のリスクだ。今の環境を変えたくない」と言って売却を実行したことはなかった。わたしの親と同世代(団塊世代)は保守的な傾向もあり、持ち家を一度も売却したことがない人も多いだろう。

もちろん、不動産売却によって数千万円のキャッシュを得ることが絶対に幸せだとはいえない。しかし、わたしの世代（40代）やそれ以下の若い世代は、将来を考えたときに不動産を活用してキャッシュ化することが必要だろう。

少し前に「老後2000万円問題」が世間で取り沙汰された。先進国のなかでもっとも低成長で少子高齢化が進む日本では、年金のみで豊かな老後を送ることはできない。生活資金が確実に不足する将来が見えているなかで、不動産を含めた資産の売却によるキャピタルゲインは非常に心強い蓄えになる。

ひと昔前までは、引っ越しをすると子どもの学区域が変わり、転校を余儀なくされることから自宅の住み替えがためらわれることもあったが、現在は多くの家庭で小学校・中学校受験をしており、インターナショナルスクール通いの子どもたちも増えている。

わたしは社会人になってから海外移住を経験したが、今後は10代から海外で生活したり、社会人になってからも各国を渡り歩いてビジネスをする人たちも増えていくだろう。マイホームが当たり前の環境は徐々に変わってきているのだ。

不動産売却の概念も方法も時代とともに変化している。その潮流のなかでどう個人の生活を守り、豊かな人生を築いていくのか？　これが本書のテーマだ。そこにはわたしが経験してきたこと、実践してきたことだけを盛り込んだ。

40年に一度の不動産バブルである。世界から注目されている日本の不動産を活用し、大きなリターンを得て新しい未来を切り開いていってほしい。この本がその一助となればさいわいである。最後までお読みいただき、ありがとうございました。

２０２４年10月

住み替えをした自宅マンションの書斎にて　風戸裕樹

著者プロフィール

風戸裕樹（かざと・ひろき）

Property Access株式会社 代表取締役
2004年早稲田大学商学部卒業。不動産仲介、不動産投資ファンド勤務を経て、2010年不動産仲介透明化フォーラム（FCT）設立。業界の先駆的存在として、不動産仲介手数料無料のサービスを始める。また、売却エージェントサービス「売却のミカタ」を開始し、全国にFC展開。
2014年FCT社はソニー不動産のグループ企業となり、ソニー不動産（現SREホールディングス）執行役員として事業拡大に貢献。その後、シンガポールに移住してProperty Access株式会社を創業。シンガポール、フィリピン、米国、日本に支社展開。日本最大の国際不動産フェア「世界の家・投資フェア」を主催している。
国際的な不動産コンファレンスで日本代表として講演し、「オールアバウト」「ダイヤモンド不動産」ほか、不動産専門家としての寄稿も多数。NHKを始め、多くのメディアに取り上げられている。Xのフォロワーは2.6万人。

Property Access株式会社
https://www.propertyaccess.jp

風戸裕樹の「ホンネで不動産」（YouTubeチャンネル）
www.youtube.com/@propertyaccess

X　@hkazato

巻末読者特典

「はじめての不動産売却 成功法則」
（動画）

本書をご購読いただき、ありがとうございます。
この本の内容をより具体的に理解していただくために
読者限定のプレゼントをご用意しました。

下記の二次元コードをスキャンし、
LINE登録するだけで、
「不動産売却の利益を最大化する方法」を
知ることができます。

どこにも公開していない、
本書の読者限定の動画です。
手に入れてみてください。

確実に儲けを生み出す
不動産売却の教科書

2024年11月 6 日　第 1 刷発行

著　者　　風戸裕樹
発行者　　白山裕彬
発行所　　新流舎株式会社
〒178-0063　東京都練馬区東大泉4-27-17
発　売　　サンクチュアリ出版
〒113-0023　東京都文京区向丘2-14-9
電話：03-5834-2507
FAX：03-5834-2508

装丁　山之口正和（OKIKATA）
本文デザイン・DTP　田中俊輔（PAGES）
校正　株式会社ぷれす
印刷・製本　株式会社光邦

ISBN978-4-8014-9054-3